Hans Fallada

Geschichten aus der Murkelei

1947

„Hans Falladas Geschichten haben immer mehrere Dimensionen: An der Oberfläche sind es einfach brillante und zuweilen lustige Märchen mit fantastischen Tierwesen und Zauberern – ganz so wie man es von Märchen eben erwartet. Dann ist da noch die sozialkritische Ebene, die sich erschließt wenn man Falladas Grundschema entdeckt: Hier kämpft nicht Gut gegen Böse – hier kämpft der Benachteiligte und Abgehängte mit Raffinesse gegen die Bourgeoisie. Wenn man sich nun noch in Erinnerung ruft, dass die Werke in der Weimarer Republik entstanden, weiß man auch: Hans Fallada war alles andere als konfliktscheu. Und so ist es wenig verwunderlich, dass seine Werke heute zum Kanon der unsterblichen Deutschen Literatur zählen." *Redaktion Gröls-Verlag* (Edition I Werke der Weltliteratur)

Redaktionelle Hinweise und Impressum

Das vorliegende Werk wurde zugunsten der Authentizität sehr zurückhaltend bearbeitet. So wurden etwa ursprüngliche Rechtschreibfehler regelmäßig *nicht* behoben, denn kleine Unvollkommenheiten machen das Buch – wie im Übrigen den Menschen – erst authentisch. Mitunter wurden jedoch zum Beispiel Absätze behutsam neu getrennt, um den Lesefluss zu erleichtern.

Wir sind bemüht, ein ansprechendes Produkt zu gestalten, welches angemessenen Ansprüchen an das Preis/Leistungsverhältnis und vernünftigen Qualitätserwartungen gerecht wird. Um die Texte zu rekonstruieren, werden antiquarische Bücher von leistungsfähigen Lesegeräten gescannt und dann durch eine Software lesbar gemacht. Der so entstandene Text wird von Menschen gegen eine Aufwandsentschädigung gegengelesen und korrigiert – Hierbei können gelegentlich Fehler auftreten. Wenn Sie ebenfalls antiquarische Texte einreichen möchten, wenden Sie sich für weitere Informationen gerne an

www.groels.de

Informieren Sie sich dort auch gerne über die anderen Werke aus unserer

Edition | Bedeutende Werke der Weltliteratur

Sie werden es mit 98,043 %iger Wahrscheinlichkeit nicht bereuen.

Die Deutsche Nationalbibliothek verzeichnet dieses Werk in der Deutschen Nationalbibliografie.

Verleger: Marcel Hermann-Josef Gröls, Poelchaukamp 20, 22301 Hamburg.
Externer Dienstleister für Distribution und Herstellung: BoD, In de Tarpen 42, 22848 Norderstedt

Inhalt

Lieber Uli, liebe Mücke und lieber kleiner Achim!

Zuerst habe ich euch diese Geschichten mündlich erzählt, damit das Essen besser rutschte und nicht so langweilig war.

Aber die Geschichten wurden bei jedem Erzählen anders, und das gefiel euch nicht, da mußte ich sie aufschreiben.

Die aufgeschriebenen Geschichten konnte euch nur einer vorlesen, nämlich ich, weil kein anderer mit meiner Schrift zurechtkam. Da mußte ich euch die Geschichten auf der Maschine tippen.

Das Getippte konntet ihr, Uli und Mücke, nun schon allein lesen, aber da ging der kleine Achim leer aus. Und Getipptes in einem Schnellhefter liest sich auch nicht so gut wie ein gedrucktes Buch.

Da sagtest du, Uli: "Du läßt ja so viele Bücher von dir drucken, Papa, da kannst du auch diese Geschichten drucken lassen!" So reisten die Geschichten nach Berlin. Dort wurden sie erst andern Kindern zum Lesen gegeben und auch großen Leuten, damit wir bestimmt wußten, es waren richtige Kindergeschichten. Dann, als alle ja gesagt hatten, wurden sie gedruckt.

Da sagtet ihr Kinder: "Aber es müssen auch Bilder dabei sein, sonst ist es kein richtiges Kinderbuch!"

Nun gingen wir suchen, und schließlich fanden wir den Conny. Der machte die Bilder, genau wie ihr sie euch dachtet.

So war alles beisammen, und das Buch wurde fertig! Und wenn ihr jetzt nicht eßt wie der dicke Onkel Willi, dann nehme ich euch auf der Stelle das Buch wieder weg!

Da habt ihr's –!

Geschichte von der kleinen Geschichte

Es war einmal ein Kind, das war nicht artig und wollte sein Essen nicht essen. Da stellte es die Mutter zur Strafe vor die Tür und fing an, drinnen den artigen Kindern eine kleine Geschichte zu erzählen.

Als das unartige Kind nun merkte, drinnen erzählte die Mutter, brüllte es ein wenig leiser, denn es wollte horchen und hätte gerne zugehört. Da rief die Mutter: "Willst du jetzt artig sein und gut essen, Kind, so darfst du bei meiner kleinen Geschichte zuhören."

Doch der Bock stieß das Kind noch, und als es die Mutter rufen hörte, fing es gleich wieder an, lauter zu brüllen, so gerne es auch die kleine Geschichte gehört hätte. Da fuhr eine Maus aus ihrem Loch und fragte: "Was machst du denn für ein Geschrei, Kind? Meine jungen Mäuslein verschlucken sich ja vor Schreck beim Speckessen."

Das Kind antwortete und sprach: "Meine Mutter hat mich vor die Tür gestellt und will mich ihre kleine Geschichte nicht hören lassen. Darum, wenn du willst, daß deine Kinder in Ruhe Speck essen, schlüpfe durch einen Mäusegang ins Eßzimmer und erzähle mir, was für eine kleine Geschichte meine Geschwister hören."

Die Maus tat, wie das Kind gesagt hatte, fuhr durch einen Mäusegang ins Eßzimmer und horchte. Die Mutter aber, die hörte, daß das Kind still geworden war, rief durch die Tür: "Willst du jetzt artig sein und essen, Kind?"

Das Kind dachte bei sich: ›Gleich kommt die Maus und erzählt mir die kleine Geschichte, da brauche ich auch nicht artig zu sein‹, und fing wieder lauter an zu brüllen. Als das Kind eine Weile gebrüllt hatte und die Maus noch immer nicht wiederkam, dachte es: ›Es ist doch sonderbar, daß die Maus so lange ausbleibt, das muß ja eine ganz herrliche Geschichte sein, daß sie das Wiederkommen so ganz vergißt. Ich will einmal die Fliege dort am Fenster schicken, daß sie nach dem Rechten sieht.‹

Das Kind rief also die Fliege an und sagte: "Liebes Fräulein Krabbelbein, ich habe die Maus ins Eßzimmer geschickt, daß sie auf die kleine Geschichte hört, die meine Mutter meinen Geschwistern erzählt. Aber die Maus kommt gar nicht wieder – willst du da nicht so freundlich sein und durchs Schlüsselloch kriechen und einmal nach dem Rechten sehen? Ich gebe dir auch morgen früh meinen Zucker, den ich zum Kakao bekomme."

Die Fliege war einverstanden, kroch durchs Schlüsselloch und verschwand. Die Mutter aber, die hörte, das Kind brüllte nicht mehr, rief durch die Tür: "Willst du jetzt artig sein und essen, Kind?"

Das Kind dachte: ›Gleich kommen die Maus und die Fliege wieder und erzählen mir die kleine Geschichte, da brauche ich nicht artig zu sein!‹ Und es schrie: "Nein, nein, ich will nicht essen!" und brüllte noch lauter.

Als es aber eine Weile gebrüllt hatte, wunderte es sich, daß weder Maus noch Fliege wiederkamen, und dachte bei sich: ›Was muß das doch für eine wunderbare Geschichte sein! Mäuslein vergißt ihre Kinder, Krabbelbein denkt nicht an ihren Zucker – nein, jetzt mache ich nur noch einen Versuch, und wenn ich dann auch nichts erfahre, will ich gewiß artig sein und essen, damit ich nur die kleine Geschichte höre.‹

Es rief also eine Ameise an, die gerade auf der Diele kroch, und sagte: "Fräulein Schmachtleib, Sie sind dünn, sicher können Sie unter der Tür durchkriechen. Tun Sie das doch mal und sehen Sie im Eßzimmer nach, was da eigentlich die Maus und die Fliege machen, die ich geschickt habe, die kleine Geschichte zu hören, die meine Mutter meinen Geschwistern erzählt. Kommen Sie aber bloß schnell wieder. Ich halte es vor lauter Neugierde schon nicht mehr aus."

Die Ameise sprach: "Den Gefallen will ich dir wohl tun", kroch unter der Tür durch und verschwand. Die Mutter aber, die hörte, das Kind brüllte nicht mehr, rief durch die Tür: "Komm doch bloß schnell, Kind, sei artig und iß. Es gibt jetzt etwas ganz Feines!"

Das Kind aber dachte: ›Die Ameise wird mir jetzt Maus und Fliege schicken, da werde ich die kleine Geschichte schon zu hören bekommen.‹ Und es schrie: "Ich will gar nichts essen – auch nichts Feines!" trampelte mit den Füßen und brüllte noch lauter als vorher.

Als es aber eine Weile gebrüllt hatte, brüllte es doch leiser. Einmal, weil ihm der Hals weh tat, dann aber, weil es dachte: ›Es muß eine zu schöne Geschichte sein. Die drei: Maus, Fliege und Ameise, hören zu und vergessen mich ganz. Ich will jetzt doch artig sein und essen.‹ Und das Kind hörte ganz auf zu brüllen.

Die Mutter aber, die das Kind dreimal umsonst gefragt hatte, war jetzt böse auf das Kind und fragte es nicht mehr. Da dachte das Kind: ›Meine Mutter ist böse auf mich. Ich will ein bißchen an der Tür kratzen. Dann fragt sie mich doch, ob ich wieder artig sein will, ich aber sage ja und darf hinein.‹ Und das Kind kratzte an der Tür.

Die Mutter hörte es wohl, aber sie wollte das ungezogene Kind nicht mehr fragen, und so schwieg sie. Nun fing das Kind an zu rufen: "Ich will artig sein! Laßt mich hinein!"

Da fuhr die Maus aus dem Mäusegang und rief atemlos: "Gott, was war das für eine herrliche Geschichte! Entschuldige bloß, daß ich nicht eher kam, aber ich konnte nicht früher kommen, als bis ich das allerletzte Wort von ihr gehört hatte."

Die Fliege schwirrte durch das Schlüsselloch und summte: "So eine vorzügliche Geschichte hört man wirklich nicht alle Tage. Da war es kein Wunder, daß die Kinder gegessen haben wie die Scheunendrescher – auch nicht ein Löffel voll blieb in der Schüssel!"

Und die Ameise kroch unter der Tür hervor und ächzte: "So eine großartige Geschichte und dazu noch Schokoladenpudding und Vanillensauce – so gut möchte ich es auch einmal haben!"

"Was?!" rief das unartige Kind. "Es hat Schokoladenpudding mit Vanillensauce gegeben?! Da will ich auch was abhaben." Und es riß die Tür auf und rief: "Ich will auch Pudding und Vanillensauce. Ich will auch ganz artig sein! Und die kleine Geschichte will ich auch hören!"

Da fingen alle Kinder mit der Mutter an zu lachen und zeigten dem unartigen Kind die Puddingschüssel – da war auch nicht ein Krümchen mehr darin. Und sie zeigten ihm die Teller, die waren so blank und leer, als wären sie mit der Zunge abgeleckt. Die Mutter aber sagte: "Warum hast du dich nicht zur rechten Zeit besonnen, Kind? Nun ist nichts mehr da."

Das Kind fing an zu weinen und sagte: "Wenn ich denn keinen Pudding mehr bekomme, so will ich doch die wunderbare, die herrliche, die großartige kleine Geschichte hören, die du meinen Geschwistern erzählt hast."

Die Mutter aber antwortete: "Jetzt ist später Abend. Jetzt werden keine Geschichten mehr erzählt, jetzt wird ins Bett gegangen."

Da mußte das unartige Kind ohne Pudding und ohne kleine Geschichte ins Bett gehen, und darüber war es sehr traurig. Hätte es sich aber zur rechten Zeit besonnen, so hätte es Pudding und kleine Geschichte bekommen, und das wäre besser für das Kind gewesen, und auch für uns, denn dann hätten auch wir die kleine Geschichte zu hören bekommen!

Geschichte vom Mäuseken Wackelohr

In einem großen Stadthaus wohnte einmal ein Mäuseken ganz allein, das hieß Wackelohr. Als Kleines war es einst von der Katze überfallen worden, und dabei war ihm das Ohr so zerrissen, daß die Maus es nicht mehr spitzen, sondern nur noch damit wackeln konnte. Darum hieß sie Wackelohr. Und dieselbe alte böse Katze hatte ihr auch alle Brüder und Schwestern und die Eltern gemordet, deshalb wohnte sie so allein in dem großen Stadthaus.

Da war es ihr oft sehr einsam, und sie klagte, daß sie so gerne ein anderes Mäuseken zum Spielgefährten gehabt hätte, am liebsten einen hübschen Mäuserich. Aber von dem Klagen kam keiner, und Wackelohr blieb allein.

Als nun einmal alles im Hause schlief, und die böse Katze auch, saß Wackelohr in der Speisekammer, nagte an einem Stück Speck und klagte dabei wieder recht jämmerlich über die große Verlassenheit. Da hörte sie eine hohe Stimme, die sprach: "Hihi! Was bist du doch für ein dummes, blindes Mäuseken! Du brauchst ja nur aus dem Fenster zu schauen und siehst den hübschesten Mäuserich von der Welt! Dazu geht es ihm auch noch wie dir: er ist ebenso allein wie du und sehnt sich herzlich nach einem Mäusefräulein."

Wackelohr guckte hierhin und Wackelohr guckte dahin, Wackelohr sah auf den Speckteller und unter den Tellerrand – aber Wackelohr erblickte niemanden. Schließlich sah sie zum Fenster hinaus. Doch drüben war nur ein anderes großes Stadthaus, mit vielen Fenstern, die in der Abendsonne glitzerten, und kein Mäuserich war zu erblicken. Da rief Wackelohr ganz ungeduldig: "Wo bist du denn, die mit mir spricht? Und wo ist denn der schöne Mausejunge, von dem du erzählst?"

"Hihi!" rief die hohe Stimme. "Bist du aber eine blinde Maus! Schau doch einmal hoch zur Decke, ich sitze ja gerade über dir!"

Das Mäuseken sah hoch, und richtig, gerade über seinem Kopf saß eine große Ameise und funkelte es mit ihren Augen an. "Und wo ist der Mäuserich?" fragte das Mäuseken gespannt die große Ameise.

"Der sitzt doch gerade dir gegenüber in der Dachrinne und läßt den Schwanz auf die Straße hängen", sagte die Ameise.

Wackelohr sah hinaus, und wirklich saß da drüben in der Dachrinne ein schöner Mäusejunge mit einem kräftigen Schnurrbart, ließ den Schwanz über die Rinne hängen und sah die Straße auf und ab. "Warum sitzt er denn da, duAmeise?" fragte Wackelohr. "Er kann doch fallen, und dann ist er tot."

"Nun, er langweilt sich wohl so ganz allein", antwortete die Ameise. "Da schaut er ein bißchen aus, ob er ein Mäuseken auf der Straße sehen kann."

Wackelohr bat: "Ach, liebste Ameise, sage mir doch einen Weg, wie ich zu ihm kommen kann. Ich will dir auch all meinen Speck schenken."

Die Ameise strich sich nachdenklich ihren kräftigen Unterkiefer mit den beiden Vorderbeinen, juckte sich mit den Hinterbeinen am Po und sprach: "Deinen Speck will ich gar nicht, ich esse lieber Zucker und Honig und Marmelade. Und einen Weg zu dem Mäuserich weiß ich auch nicht für dich. Ich gehe immer durch das Schlüsselloch, und dafür bist du doch zu groß."

Wackelohr aber bat und bettelte, und schließlich versprach die Ameise, sich bis zum nächsten Abend zu überlegen, wie Wackelohr zu ihrem Mäuserich kommen könnte.

Am nächsten Abend traf Mäuseken die Ameise wieder in der Speisekammer und fragte sie sehr eifrig, ob sie nun wohl einen Weg wisse. "Vielleicht weiß ich einen Weg", sagte die kluge Ameise, "aber ehe ich dir den sage, mußt du mir einen Zuckerbonbon schenken."

"Ach!" rief Wackelohr klagend, "woher soll ich den denn nehmen? Der einzige Zuckerbonbon, von dem ich weiß, liegt auf dem Nachttisch von der Hausfrau. Den lutscht sie immer, wenn sie morgens aufwacht, damit der Tag ihr gleich süß schmeckt."

"Nun, so hole den doch!" sagte die Ameise ganz kaltblütig.

"Den kann ich nicht holen", rief das Mäuseken traurig. "In dem Schlafzimmer schläft auch die alte, böse Katze, die meine Eltern und Brüder und Schwestern geholt hat. Wenn die mich hört, mordet sie mich bestimmt."

"Das mußt du wissen, wie du es machst", sagte die Ameise ganz ungerührt. "Bekomme ich den Bonbon nicht, erfährst du den Weg nicht zu deinem Mäuserich."

Da half Wackelohr kein Bitten und kein Weinen und kein Flehen, ohne den Bonbon wollte die Ameise ihr nichts sagen. Also ging Mäuseken auf seinen leisesten Pfoten aus der Speisekammer in die Küche, und aus der Küche in das Eßzimmer, und aus dem Eßzimmer in das Arbeitszimmer, und aus dem Arbeitszimmer auf den Flur. Auf dem Flur aber machte es seine Pfoten womöglich noch leiser und wutschte sachte, sachte, still in das Schlafzimmer.

In dem Schlafzimmer war es für Menschenaugen ganz dunkel, weil die Vorhänge zugezogen waren. Aber Mäuse haben Augen, die besonders gut im Dunkeln sehen können. Und so sah Wackelohr denn, daß – oh, Schreck! – ihre Feindin, die Katze, nicht schlief. Sondern sie lag auf einem schönen Kissen grade vor dem Bett, an dem das Mäuseken vorbei mußte, wenn es zu dem Nachttisch mit dem Bonbon wollte, dehnte und streckte sich und leckte das Maul, als wäre sie noch sehr hungrig.

Da konnte Mäuseken nicht anders: sie mußte vor Schreck quieken. Sprach die Katze: "Hier ist wohl eine Maus imZimmer? Ich dachte, ich hätte alle Mäuse in diesem Hause längst totgemacht. Nun, wenn noch eine Maus da ist, werde ich sie gleich haben." – Und sie streckte sich, um aufzustehen. Da bat das Mäuseken in seiner Angst den Stuhl, unter dem es saß: "Ach, lieber Stuhl, knarre doch ein wenig. Dann denkt die Katze, es ist nur Stuhlknarren und kein Mäusequieken." Und der Stuhl tat dem Mäuseken den Gefallen und knarrte ein wenig. Die Katze aber legte sich wieder hin und sprach: "Ach so, es hat bloß ein Stuhl geknarrt. Ich dachte schon, es wäre eine Maus. Aber wenn es bloß ein Stuhl ist, kann ich ja ruhig schlafen." – Und damit streckte sich die Katze aus und schlief ein.

Was sollte Wackelohr nun tun? So direkt an der bösen Feindin vorbei zum Nachttisch zu gehen, dazu fehlte ihr der Mut. Sie fürchtete, sie würde vor Angst mit ihren Nägeln auf dem Fußboden klappern und damit die Katze aufwecken. Den Bonbon aber mußte sie kriegen, sonst erfuhr sie den Weg zum

Mäuserich nicht. Da beschloß Wackelohr, über das Bett zu laufen und vom Kopfkissen auf den Nachttisch zu klettern. Das war wohl nicht so gefährlich, denn in dem Bett schlief die Hausfrau, und Menschen sind für Mäuse lange nicht so schlimm wie die Katzen, weil sie nicht so schnell wie die Katzen sind, und weil sie auch viel fester als Katzen schlafen.

Wackelohr machte sich also auf den Weg. Zuerst kletterte sie am Bettbein hoch, wobei sie sich mit ihren Krallen sehr festhalten mußte. Dann sprang sie ins Bett. Da hatte sie nun auf Decke und Kissen eine sehr weiche Straße, wo die Krallen nicht klappern konnten. Sie lief eilig voran, weil sie aber so eilig lief, paßte sie nicht auf, und so kitzelte sie mit ihrem langen Schwanze die Hausfrau grade unter der Nase. Die mußte niesen, wachte auf, meinte, es sei die Katze gewesen, die schon manchmal ins Bett gesprungen war, und rief: "Gehst du weg, alte Katze!"

Davon erwachte die Katze, meinte, sie sei gerufen, und sprang mit einem Satze ins Bett. Darüber wurde die Hausfrau erst recht ärgerlich, schlug nach der Katze und rief: "Mach, daß du fortkommst, Störenfried!"

Die Katze aber verstand nicht, warum sie erst gerufen wurde und nun wieder nicht kommen sollte und nun gar geschlagen wurde, und miaute zornig. Davon wachte der Hausherr im Bett daneben auf und rief: "Ist die ungezogene Katze schon wieder im Bett? Na, warte, Ollsch!" Und er sprang auf, machte Licht, ergriff einen Pantoffel und fing an, nach der Katze zu schlagen, die jämmerlich schrie.

Bei all dem Geschrei und Gespringe und Geschlage und Miaue hatte Wackelohr längst den Bonbon ins Maul genommen, war vom Nachttisch gesprungen und durch die offene Tür wieder hinausgewutscht. Da saß sie, hörte sich den Lärm an und freute sich, daß ihre böse Feindin Schläge bekam.

"Siehst du wohl", sagte die Ameise, als Wackelohr mit dem Bonbon im Maule ankam, "es war gar nicht so schlimm, man muß sich nur nicht so anstellen. Du hast doch nicht etwa ein Stückchen abgebissen?" Und sie sah den Bonbon mißtrauisch an. Aber der war in Ordnung; obwohl Wackelohr ihn im Maule getragen hatte, hatte sie nicht einmal mit der Zungenspitze daran gerührt. Nun wollte sie aber auch zum Lohn für alle ihre Mühe den Weg zu ihrem schönen Mäuserich wissen.

"Der ist ganz einfach", sprach die Ameise. "Du weißt doch, oben auf dem Dachboden hält der Hausherr sich Tauben, die den ganzen Tag frei ein- und ausfliegen, soviel sie nur wollen. Bitte eine der Tauben, dich auf ihrem Rücken mitzunehmen – das sind freundliche Vögel, sie werden es schon tun."

Dies schien dem Mäuseken ein guter Rat, und gleich schlüpfte es die Treppe hinauf in den Taubenschlag. Auch die Ameise ging eilends heim, denn sie wollte rasch all ihre Schwestern zusammenrufen, damit jede noch vor Morgen ein Stücklein Bonbon heimtrug.

"Ruckediguck – Guckediruck", schwatzten die Tauben noch in ihrem Schlag, obwohl es schon ganz dunkel war. Sie besprachen sich, wohin sie am nächsten Morgen fliegen wollten, um Futter zu suchen. Im Garten am See waren Erbsen gelegt, aber es war die Frage, ob man sie bekam, denn dort trieb ein großer, gelber Kater sein Unwesen, der gar zu gerne Taubenbraten aß. "Guckediruck", sagten die Tauben, "mit den Katzen wird es schlimmer und schlimmer – daß die Menschen solch wilde Tiere überhaupt noch dulden! Ruckediguck!"

"Das sage ich auch", sprach die Maus höflich unter der Tür. "Mich hätte heute abend auch beinahe die Hauskatze erwischt, hätte nicht ein Stuhl freundlich für mich geknarrt. Das angstvolle Leben in diesem Hause ist mir ganz leid. Will nicht eine von euch so freundlich sein, mich morgen früh auf ihrem Rücken zum Hausdach drüben tragen?"

"Ruckediguck!" riefen die Tauben erschrocken. "Ein Dieb ist im Schlag. Sicher will er uns listig betören und nachher unsere Eier austrinken."

Aber das Mäuseken redete ihnen gut zu, daß es keine böse Absicht auf die Eier habe, Eier auch gar nicht essen möge, sondern nur darum bitte, auf einem Taubenrücken zur andern Straßenseite getragen zu werden. "Ruckediguck", sagten die Tauben da. "Wenn es so ist und du unsern Eiern nichts tust, so wollen wir dir wohl gefällig sein. Aber jetzt ist es schon spät, die Schlagtür ist zu – komm morgen mit dem frühesten wieder. Ruckediguck!"

Da bedankte sich das Mäuseken Wackelohr höflich und ging in seinem Loch unter dem Küchenschrank schlafen. Es träumte aber die ganze Nacht von dem schönen Mäuserich. –

Unterdessen hatte die Katze ihre Keile bekommen und war vor die Schlafzimmertür gesetzt worden, zur Strafe, weil sie der Hausfrau ins Bett gesprungen war. Da saß sie nun und ärgerte sich gewaltig, und alle Glieder taten ihr weh. ›Ich bin der Hausfrau doch nicht mit meinem Schwanz ins Gesicht gefahren, wie sie gescholten hat‹, sagte die Katze immer wieder zu sich. ›Wer kann das bloß gewesen sein?‹ Da fiel ihr ein, wie sie erst eine Maus piepen gehört, dann aber gemeint hatte, es habe nur ein Stuhl geknarrt. ›Vielleicht war es doch eine Maus, die mir diesen Streich gespielt hat‹, dachte sie. ›Ich will doch einmal im ganzen Hause nachsehen, ob ich eine Spur von ihr finde.‹

Damit ging sie auf sachten Sammetpfoten los und ließ ihre großen, grünen Augen leuchten wie Laternen, daß sie trotz der dunklen Nacht alles sehen konnte. Sie sah um jede Ecke und roch unter jeden Schrank, und als sie unter den Küchenschrank roch, sprach sie: "Ich finde, hier riecht es mäusisch. Ach, wie gut riecht das doch! Komm heraus, kleine Maus, wir wollen zusammen tanzen!" Aber die Maus hörte die böse Katze nicht, die sie auch nur fressen wollte; Wackelohr schlief fest in ihrem Loch und träumte von ihrem Mäuserich.

So ging die Katze betrübt weiter, als nichts auf ihre falschen Lockreden kam, und gelangte in die Speisekammer. In der Speisekammer aber war ein großes Getriebe und Gelaufe von vielen tausend Ameisen, die ihr Stück von dem roten Bonbon abbeißen wollten. Da machte die Katze ihre Stimme grob und schalt: "Was ist denn das hier für ein Gelaufe und Geschmatze mitten in der ruhigen Nacht, wo doch alles schlafen soll! Gleich macht ihr Räuber, daß ihr fortkommt!"

Die Ameisen aber hatten keine Angst vor der Katze, denn die Katzen fressen keine Ameisen, weil die Ameisen sauer schmecken, und die Katzen lieben das Süße. Das wissen die Ameisen. "Hihi!" riefen sie darum. "Hihi! Du alte, große Katze! Du läufst ja auch mitten in der Nacht herum, statt zu schlafen, da dürfen wir es wohl auch tun!"

"Bei mir ist das eine andere Sache", sprach die Katze streng. "Ich bin vom Hausherrn als Nachtwächter bestellt, daß sich keine Diebe einschleichen. Was ist denn das für ein roter Bonbon, in den ich euch da beißen sehe? Mir scheint, der ist gestohlen."

"Hihi!" rief die kluge Ameise. "Der Bonbon gehört mir, den habe ich für einen guten Rat bekommen."

"Der Bonbon gehört auf den Nachttisch der Hausfrau", sprach die Katze noch strenger. "Gleich sagst du mir, wer ihn dir gegeben hat, sonst nehme ich ihn dir weg. Wenn du mir aber die Wahrheit sagst, sollst du ihn behalten dürfen."

Da wurde es der klugen Ameise um den schönen Bonbon angst, und sie verriet das Mäuseken und erzählte alles, was sie wußte. Die Katze aber wurde ganz aufgeregt, denn sie verstand nun, daß es das Mäuseken war, dem sie ihre Prügel zu verdanken hatte, und sie war sehr eifrig, die Ameise auszufragen. "Weißt du denn gar nicht, Ameise", fragte sie schließlich, "wo das Mäuseken sein Loch hat?"

"Nein, das weiß ich nicht", antwortete die Ameise. "Aber wir Ameisen können überall hinkommen, und nichts bleibt uns verborgen, außer was in der Luft schwebt oder im Wasser schwimmt. Ich will alle meine Schwestern ausschicken, so werden wir das Loch schon finden."

Das geschah. Alle Ameisen wurden ausgeschickt, und schon nach einer kurzen Weile kam eine zurück und meldete, daß die Maus unter dem Küchenschrank in einem Loch liege und schlafe. "Das dachte ich mir", sprach die Katze. "Da roch es vorhin schon so mäusisch." Sie begaben sich also zum Küchenschrank, aber so sehr sich die Katze auch mühte, streckte und dünnmachte: der Spalt zwischen Schrank und Boden war zu klein, sie konnte nicht darunterkommen.

"Was machen wir nun?" fragte die Katze ärgerlich. "Kriegen muß ich die Maus, und sollte ich einen ganzen Topf meiner süßen Schleckermilch dafür geben!"

"Läßt du uns alle morgen früh von deiner süßen Schleckermilch trinken", sprach die kluge Ameise, "so wüßte ich schon einen guten Rat." Da versprach die Katze dies der Ameise hoch und teuer, und so sagte die Ameise: "Wir wollen eine meiner Schwestern schicken, damit sie das Mäuseken ins Ohr beißt. So wird es einen Schreck bekommen, hervorlaufen, und du hast es!"

Wie gesagt, so getan. Die Ameise wurde ausgeschickt, die Katze aber setzte sich sprungbereit vor den Schrank und ließ ihre Augen mit voller Kraft leuchten, damit es auch hell genug wäre, und sie die Maus gleich sähe. Sie warteten – eine Minute – zwei Minuten – drei Minuten, sie warteten noch länger – schließlich kam unter dem Schrank hervor die ausgesandte Ameise. "I, du Faule!" rief die kluge Ameise wütend, "hast du denn die Maus nicht erwecken können? Besitzt du denn gar keine Kraft mehr in deinen Beißkiefern und keine Säure in deinem Leibe, daß du eine jämmerliche Maus nicht aus ihrem Schlafe zwicken und zwacken kannst –!?"

Die Ameise aber berichtete, daß sie nach Kräften gebissen und Säure gespritzt habe, die Maus aber sei nicht aufgewacht. Da wurden andere Ameisen ausgeschickt, sie alle aber gingen umsonst: das Mäuseken wachte nicht auf. Das kam aber daher, daß die Maus in ihrem Loche auf der Seite schlief, so daß sie nur an ein Ohr heran konnten. Das Ohr aber, das oben lag, war das Ohr, das die Katze einmal bei ihrem mörderischen Überfall zerbissen und zerrissen hatte, wovon das Mäuseken ja auch Wackelohr hieß. In diesem Ohr hatte die Maus gar kein Gefühl mehr, und die Ameisen konnten beißen, soviel sie nur wollten – Wackelohr spürte nichts, sondern träumte ruhig weiter von ihrem Mäuserich.

Schließlich ging die kluge Ameise selbst, aber sie konnte auch nicht mehr verrichten als die andern und ging umsonst. Da kam sie wieder und sprach zu der Katze: "Das Mäuseken läßt sich nicht wecken noch rühren, soviel man auch beißt. Aber ich weiß einen andern Rat. Gibst du uns von deiner süßen Schleckermilch, wenn ich ihn dir sage?"

Die Katze antwortete: "Wenn ich die Maus kriege, sollt ihr süße Milch schleckern dürfen, soviel ihr nur wollt."

Damit war die Ameise zufrieden und sagte: "Morgen mit dem frühesten wird das Mäuseken in den Taubenschlag gehen, um auf dem Taubenrücken zum Mäuserich zu fliegen. Lege du dich nur auf die Lauer und fang sie ab, so hast du sie!"

"Das ist ein guter Rat", sagte die Katze. "Ich muß die Maus aber noch vor dem Schlag fassen, denn in den Taubenschlag einzutreten, hat der Hausherr mir streng verboten, und schlägt mich wohl tot, wenn er mich bei seinen geliebten Tauben erwischt."

"Nun, du hast ja alle Zeit, die Maus auf der Treppe zu fangen", sprach die Ameise. "Gute Nacht." Und damit gingen sie zur Ruhe. Die Katze suchte sich ein schönes Kissen auf einem Sofa und schlief ein. Die Ameise aber setzte sich auf die Treppe, damit sie die Katze gleich am frühen Morgen an die versprochene Schleckermilch erinnern könnte.

Am frühesten erwachte diesen Morgen der Hausherr und stieg gleich auf den Dachboden, seinen lieben Tauben den Schlag zu öffnen, damit sie draußen sich ihr Futter suchen könnten. Weil er seine Augen aber im Kopf und nicht außen auf den Schuhen hatte, sah er die kluge Ameise nicht, die auf der Stufe schlief, und trat sie auf den Leib. "Hi –!" sagte die kluge Ameise und war tot, und damit hatte sie ihre Strafe weg, daß sie das Mäuseken an die böse Katze verraten hatte.

Der Hausherr hatte gar nichts davon gemerkt, machte den Schlag auf, und alle seine Tauben flogen aus bis auf eine, die unruhig umherlief und gurrte: "Ruckediguck, wo bleibt die Maus? Guckediruck, ich möchte hinaus!"

Der Hausherr, der ihr Gurren nicht verstand, fragte verwundert: "Was ist dir?"

Indem kam schon die Maus mit fliegenden Beinen angesaust, denn die Katze war direkt hinter ihr. Die Katze bedachte in ihrem Jagdeifer nicht, daß sie nicht in den Schlag durfte, und lief ihr nach. Der Hausherr, der die Katze im Schlage sah, ergriff einen Knüppel und ließ ihn auf der Katze tanzen. Die Katze schrie, das Mäuseken sprang auf den Taubenrücken, die Taube klatschte mit den Flügeln und flog aus dem Schlag. Die Katze aber, um den Prügeln zu entgehen und das Mäuseken doch noch zu fangen, sprang hinter der Taube her, konnte aber ohne Flügel nicht fliegen und fiel durch die Luft auf die Erde, fünf Stockwerke tief, wo sie tot liegenblieb.

Das Mäuseken Wackelohr aber wurde von der Taube sanft auf das Dach des andern Hauses getragen, fand ihren Mäuserich, heiratete ihn, und sie bekamen so viele Kinder, daß beide nie wieder allein waren.

Geschichte vom Unglückshuhn

Es lebte einmal ein großmächtiger Zauberer, der hatte einen stolzen bunten Hahn und drei Hühner. Von denen konnte das eine Huhn goldene Eier legen, das andere silberne, das dritte aber gar nichts – nicht einmal gewöhnliche Hühnereier. Darüber wurde es sehr traurig, denn die andern Hühner lachten es aus und wollten nicht einmal mit ihm auf die Straße gehen, und der stolze Hahn, den es sehr liebte, sah es nicht einmal an und redete nie mit ihm. Fand es aber einmal einen schönen langen Regenwurm oder einen fetten Engerling, gleich nahmen ihm die andern den Bissen fort und sprachen: "Wozu brauchst du so fett zu fressen? Du kannst ja nicht einmal gewöhnliche Eier legen, geschweige denn goldene und silberne wie wir. Mach, daß du fortkommst, Nichtsnutz!"

Darüber wurde das Huhn immer verzweifelter, nichts freute es mehr im Leben, es sah trübsinnig in der Ecke und sprach zu sich: "Puttputtputt, ich wollte, ich wäre tot. Zu nichts bin ich nutze. Der stolze, bunte Hahn, den ich so sehr liebe, schaut mich gar nicht an, und so sehr ich auch drücke, es kommt kein einziges Ei aus meinem Leibe. Puttputtputt, ich bin ein rechtes Unglückshuhn."

Der großmächtige Zauberer hörte, daß das Huhn so klagte, und er tröstete es und sprach: "Warte nur, was aus dir noch werden wird! Deine Schwestern können wohl goldene und silberne Eier legen, dich aber habe ich zu einem noch viel besseren Werke aufgehoben. Aus dir wird man noch einmal eine Suppe kochen, die Tote lebendig macht."

Diese Worte des Zauberers hörte seine Haushälterin, ein kleines, böses Fräulein, das die Hexerei erlernen wollte, und sie dachte bei sich: ›Eine Suppe, die Tote lebendig macht, ist eine schöne Sache, damit könnte ich viel Geld verdienen.‹

Als nun der großmächtige Zauberer zu Besuch bei einem anderen Zauberer über Land gefahren war, fing sie das Unglückshuhn, schlachtete es, rupfte und sengte es, nahm es aus und tat es in einen Kochtopf, um die Lebenssuppe aus ihm zu kochen. Als das Wasser aber zu brodeln und zu singen anfing, klang das der Hexe geradeso, als riefe das tote Huhn im Kochtopf: ›Puttputtputt, ich Unglückshuhn! Puttputtputt, ich Unglückshuhn!‹

Da bekam die Hexe einen großen Schreck, sie tat alles vom Feuer, holte sich Messer, Gabel und Löffel und machte sich daran, das Huhn schnell aufzuessen. Denn sie dachte in ihrer Dummheit, wenn sie das Huhn erst im Leibe hätte, würde es nicht mehr rufen können, und so würde der Zauberer auch nichts von ihrer Untat erfahren.

Derweilen saß der Zauberer mit seinem Freunde in dessen Stube, und weil sie sich alles erzählt hatten, was sie wußten, fingen sie an, sich aus Langerweile einander ihre Zauberkunststücke zu zeigen. "Was hast du denn da an der Nase?" fragte der eine und zog dem andern einen Wurm aus dem Nasenloch. Der Wurm wurde immer länger und länger. "Nein, was hast du bloß für Zeugs in der Nase", sagte der Zauberer. "Du solltest sie doch einmal ordentlich ausschnauben!" Und er warf den Wurm, der einen guten Meter lang war, zum Fenster hinaus.

"Und du?" fragte der andere Zauberer, "du wäscht dir wohl nie die Ohren? Wahrhaftig, da gehen schon die Radieschen auf! Sieh doch!" Und er griff ihm ins Ohr und brachte eine Handvoll Radieschen hervor. Danach eine dicke gelbe Rübe und zum Schluß gar eine grüne Gurke, die noch länger war als der Wurm.

"Nun laß es aber genug sein", sagte der andere und hustete. Und von dem Husten flog das ganze Gemüse vom Tisch und einem auf der Straße vorübergehenden Weibe in den Korb. Das meinte, heute schneie es Radieschen, regne Gurken und hagele Rüben, und fing vor Schreck an zu laufen, daß seine Röcke flogen. Die beiden Zauberer aber lachten, daß ihnen die Bäuche wackelten.

"Jetzt will ich dir etwas zeigen, was du nicht kannst", sagte der fremde Zauberer. Er zog seine Jacke aus, guckte in den Ärmel und sprach: "Durch diesen Ärmel kann ich überallhin und durch alle Wände gucken."

"Wenn du das kannst", sprach der großmächtige Zauberer, "so sage mir, was du in meiner Stube siehst."

"In deiner Stube", sprach der andere Zauberer, "sitzt ein Fräulein am Tisch, hat eine Schüssel mit Suppe vor sich und nagt an einem Hühnerbein."

"Was?!" schrie der Zauberer in höchstem Zorn. "Hat sie gar das Huhn geschlachtet, aus dem ich die Lebenssuppe kochen will?! Da muß ich eiligst fort!"

Und er schlug dreimal den Stuhl, auf dem er saß. Da verwandelte sich der Stuhl in einen riesigen Adler, flog mit ihm aus der Stube und rauschte mit solcher Schnelligkeit durch die Luft, daß kaum eine Minute vergangen war, da waren sie schon im Zimmer des Zauberers.

Die kleine Hexe ließ vor Angst das schon abgenagte Hühnerbein aus der Hand fallen, weinte und schrie: "Ich will es auch gewiß nicht wieder tun!" Das half ihr nichts. Der Zauberer ergriff eine kleine Flasche, die auf seinem Waschtisch stand, gebot: "Fahre hinein!" und sofort wurde das Hexlein ganz klein und fuhr wie ein Rauch in die Flasche.

Der Zauberer stöpselte die Flasche gut zu, hängte sie dem Adler um und sprach: "Nun fliege wieder heim, mein guter Adler, sonst fehlt meinem Freunde noch ein Stuhl. Und sage ihm, er soll dieses kleine Hexlein ja nicht herauslassen, sonst stiftet es nur Unfug. Wenn er aber wissen will, wie das Wetter wird, soll er nur das Hexlein in der Flasche ansehen. Hat es den Mund zu, bleibt das Wetter gut, streckt es aber die Zunge heraus, gibt's Regen."

"Rrrrrummmm!" sagte der Adler, flog ab und tat, wie ihm befohlen.

Der Zauberer aber ging durch Haus und Hof und suchte alles zusammen, was das Hexlein von dem Huhn weggeworfen hatte: die Federn vom Dunghaufen, die Eingeweide aus dem Schweineeimer und den Kopf aus dem Kehricht. Nur das Fleisch von dem einen Bein blieb fehlen, das war aufgegessen und nicht wiederzubekommen. "Macht auch nichts", sagte der Zauberer, legte alles schön zusammen und sprach einen Zauberspruch. Schwupp, stand das Huhn wieder heil und ganz da! Nur fiel es gleich wieder um, weil ihm ein Bein fehlte, und es auf einem Beine nicht stehen konnte.

"Macht auch nichts", sagte der Zauberer und schickte zu einem gelehrten Goldschmied. Der verfertigte mit all seiner Kunst ein goldenes Hühnerbein und setzte es dem Huhn so künstlerisch ein, daß es damit gehen konnte, als sei es aus Fleisch und Knochen.

Das gefiel dem Huhn nicht so übel, das Bein blinkerte und glänzte herrlich wie nicht einmal die Federn vom stolzen, bunten Hahn, und klapperte so schön auf dem Stubenboden, wenn es lief, als gackerten zehn Hühner nach dem Eierlegen.

Wie aber ward dem Huhn, als es mit seinem Goldbein ganz vergnügt und stolz auf den Hof hinausklapperte! "Falschbein! – Hinkepot!" riefen die beiden Hühner, die goldene und silberne Eier legen konnten, höhnisch. "Du altes Klapperbein!" Und sie jagten das Huhn mit Schnabelstößen und Krallenkratzen so lange herum, bis es vor Angst auf einen Baum flatterte. Am schlimmsten aber hackte und kratzte der stolze, bunte Hahn. "Hier darf nur einer glänzen, und der bin ich!" rief er böse und hackte, daß die Federn flogen.

Da saß nun das arme Huhn ganz verängstigt auf seinem Baum und klagte bei sich: ›Puttputtputt, ich Unglückshuhn! Ich dachte, nun würde es besser werden, nachdem ich soviel ausgestanden habe, aber nun ist es ganz schlimm geworden. Ach Gott, wäre ich bloß tot!‹

Indem erspähte eine diebische Elster, daß in dem Baum etwas glitzerte und blinkte, dachte, es gäbe was zu stehlen, flog hinzu und wollte dem Huhn das Goldbein abreißen. Dazu war sie aber zu schwach, flog also, als sie dies einsah, eilends fort und rief Hunderte von ihren Schwestern zusammen, die alle ebenso wild auf Glänzendes waren wie sie.

Da fielen alle Elstern mit spitzen Schnabelhieben über das Huhn her, die Federn stoben in alle Winde, es gab ein entsetzliches Gezeter und Gekreisch, weil jede Elster gerne das Goldbein gehabt hätte. Das Huhn aber stürzte wie tot vom Baum, dem großmächtigen Zauberer gerade vor die Füße, denn er kam aus seinem Zimmer gegangen, zu sehen, was denn das für ein höllischer Spektakel sei.

Der Zauberer sah das Huhn betrübt an, denn es war keine Feder mehr auf ihm, und die Haut war auch ganz blutig, und er sprach: "Du hast es freilich schlimm, du altes Unglückshuhn. Aber warte nur und halte aus. Du sollst sehen, wenn erst die Lebenssuppe aus dir gekocht wird, wirst du so berühmt und geehrt wie kein Huhn vor dir!"

Damit trug er das Huhn ins Haus. Weil aber keine Feder, die alle der Wind fortgetragen hatte, mehr aufzufinden war, schickte er zu einem geschickten Silberschmied und ließ dem Huhn eine künstliche Silberhaut über den ganzen Leib machen. Die blinkerte und glänzte so schön, daß es eine wahre Freude war. Und dazu klapperte das Goldbein wie ein frohes Hühnergegacker.

Da wurde das Unglückshuhn sehr froh und stolz und ging hinaus auf den Hof, sich den andern Hühnern zu zeigen. Die andern beiden Hühner kamen mitsamt dem stolzen Hahn eilends herbeigelaufen, zu sehen, was denn das für ein Geglänze und Geglitzer sei. Als sie aber sahen, es war bloß das Unglückshuhn, und merkten, kein Schnabelhieb ging durch die feste Silberhaut, da sagten sie verächtlich: "Nein, dieses elende Huhn! Es hat ja nicht einmal Federn an, es ist ganz nackt – mit einer solchen gemeinen Person wollen wir nichts zu tun haben!" Und der stolze, bunte Hahn krähte wütend: "Ich habe dir schon einmal gesagt, daß ich allein glänzen darf. Warte nur, ich werde nicht einmal einen Regenwurm von dir annehmen, wenn du nicht dein graues Federkleid wieder anziehst."

"Das kann ich doch nicht!" rief das Huhn traurig. Aber der Hahn hörte gar nicht und ging böse weg. Da weinte das Huhn und klagte: "Mit mir wird es auch nie besser, es kann geschehen, was da will. Puttputtputt, ich bin ein rechtes Unglückshuhn." Und es saß alle Tage traurig in einer Ecke, und weder Silberhaut noch Goldbein freuten es noch.

Aber es sollte noch schlimmer kommen für das arme Huhn. Das böse Hexlein nämlich, das beim andern Zauberer in einem Fläschlein auf dem Schreibtisch stand, sah all seiner Zauberei zu, die er tagsüber machte. Es lernte dabei viel und wurde immer böser. ›Wäre ich nur erst aus der Flasche!‹ dachte es. ›Ich wollte denen schon zeigen, daß ich ebenso gut zaubern kann wie die, und sie mächtig ärgern!‹

Aber der Zauberer paßte gut auf und hatte den Flaschenkorken noch mit einem Strick am Flaschenhals festgebunden,daß sie nur nicht herauskam. Da geriet das Hexlein auf eine List und streckte, als es eigentlich gutes Wetter zeigen und den Mund zuhalten sollte, die Zunge heraus, was ja Regen bedeutete.

Der Zauberer sah es und sprach: "Ach so, es gibt Regen. Gut, daß ich das weiß. Ich wollte heute nachmittag eigentlich über Land und meine Tante, die weise Kröte, besuchen. Nun aber will ich doch lieber zu Haus bleiben, denn naßregnen lasse ich mich nicht."

Der Zauberer blieb also zu Haus, und weil er nichts Rechtes zu tun hatte, zauberte er aus reiner Langeweile erst eine ganze Stube voll Apfelreis und dann dreihundert kleine Mäuse, die den Apfelreis auffressen mußten, was eine ganze Weile dauerte. Als aber die Mäuslein den Apfelreis aufgefressen hatten, waren sie groß und dick und rund geworden. Da zauberte der Zauberer dreißig Katzen, die mußten die dreihundert Mäuslein auffressen. Als die Katzen das getan hatten, legten sie sich dickesatt und schläfrig in die Sonne.

Der Zauberer sah das und rief erstaunt: "Was denn –? Ich denke, es soll regnen, und nun scheint noch immer die Sonne! Was ist denn bloß mit meinem Hexlein los?" Und er klopfte mit dem Finger gegen das Fläschlein. Das Hexlein saß ganz still darin und zeigte weiter die Zunge. – ›Nun, es wird wohl gleich losregnen‹, tröstete sich der Zauberer und sah wieder die dreißig Katzen an, die faul und schläfrig in der Sonne lagen.

›Was mache ich mit dieser Bande bloß?‹ fragte sich der Zauberer. ›Sie sind so vollgefressen, sie sind zu nichts mehr nutze. Sie haben dreihundert Mäuse im Bauch, und die dreihundert Mäuse haben eine ganze Stube voll Apfelreis im Bauch – nun liegen sie hier ewig rum und tun gar nichts.‹ Und er gab einer Katze einen Tritt. Er war nämlich schlechter Laune, weil er trotz des schönen Wetters im Glauben an das Hexlein zu Haus geblieben war. Die Katze aber kümmerte sich gar nicht um den Tritt, sondern schlief ruhig weiter.

Da holte sich der Zauberer eine kahle Haselrute und verwandelte die dreißig faulen Miesekatzen in dreißig Haselkätzchen, die an dem Zweige saßen. "So", sagte er. "Das sieht wenigstens nett aus und liegt nicht im Wege." Und er stellte den Zweig in eine Vase.

Als er dies getan hatte, sah er wieder nach der Sonne. Die Sonne schien noch immer. Dann sah er nach dem Hexlein in der Flasche: das Hexlein zeigte noch immer die Zunge. "Du!" sagte er und klopfte an das Glas. "Es regnet doch gar nicht, nimm die Zunge rein!" Das Hexlein zeigte die Zunge. – ›Vielleicht hat sich die Zunge zwischen den Zähnen festgeklemmt‹, überlegte der Zauberer und schüttelte die Flasche kräftig. Das Hexlein zeigte noch immer die Zunge. – "Ich will die Flasche doch einmal auf den Kopf stellen", sagte der Zauberer, tat es – aber das Hexlein zeigte weiter die Zunge. – ›Ich will ihm mal die Sonne zeigen‹, dachte der Zauberer, ›dann sieht es doch, daß es falsch Wetter zeigt.‹ Und er trug die Flasche hinaus und hielt sie in die Sonne. Das Hexlein zeigte der Sonne die Zunge.

"I du dummes Ding!" schrie der Zauberer wütend und warf die Flasche gegen die Wand. "Wie kannst du dich so verkehrt aufführen!" An der Wand zerbrach die Flasche, das Hexlein fuhr heraus wie ein Rauch, und ehe noch der

Zauberer ein Zauberwort hatte sprechen können, fuhr es als Rauch empor in die Wolken.

"Weg ist sie!" sagte der Zauberer verblüfft. "Na, hoffentlich macht sie nicht zuviel Unfug." Damit ging er ins Haus und zog sich die Stiefel an, denn er wollte jetzt doch noch über Land zu seiner Tante, der weisen Kröte. Es würde ja doch nicht regnen.

Das Hexlein aber blieb nicht lange in den Wolken, denn dort war es ihm zu kalt, sondern es fuhr genau dort wieder zur Erde, wo das Haus des großmächtigen Zauberers stand. Dem wollte es zuerst einen Schabernack tun, weil er es in die Flasche gesteckt hatte.

Das Hexlein verwandelte sich aus einem Rauch zurück in seine menschliche Gestalt und sah vorsichtig durch das Fenster ins Zimmer, zu erfahren, was der Zauberer wohl täte. Der Zauberer lag in seinem großen Sessel und schlief ganz fest. Auf seiner einen Schulter saß das Huhn, das silberne Eier, auf der andern das Huhn, das goldene Eier legen konnte, auf dem Kopf aber der stolze, bunte Hahn, und die drei schliefen auch.

›Wo ist denn bloß das Unglückshuhn?‹ fragte sich das Hexlein. ›Wenn ich dem das Herz aus dem Leibe reiße und es aufesse, kann er es nicht wieder lebendig machen und ärgert sich fürchterlich.‹ So ging das Hexlein vom Garten auf den Hof und sah das Unglückshuhn ganz betrübt in einer Ecke sitzen. Das Hexlein fing das Huhn und wollte ihm das Herz aus dem Leibe reißen, aber die Silberhaut war zu fest. Da nahm die Hexe das einzige an dem Huhn, das noch aus Fleisch und Knochen war, nämlich den Kopf, und riß ihn ab. Weil das Hexlein aber den Hühnerkopf nicht selber essen mochte, gab sie ihn einem Hund, der gerade die Straße entlangkam. Der Hund schnappte den Kopf, fraß ihn auf und lief weiter.

"So!" sagte das Hexlein. "Nun kann der Zauberer gewiß sein liebes Huhn nicht wieder lebendig machen." Damit verwandelte sich die Hexe von neuem in einen Rauch und flog über Land, eine Stelle zu suchen, wo sie neues Unheil stiften konnte.

Der Zauberer schlief sehr fest und hätte noch lange nichts von dem neuen Unheil gemerkt. Aber der stolze, bunte Hahn, der auf seinem Kopfe sah und schlief, träumte davon, daß er einen Regenwurm mit dem einen Ende aus der Erde kommen sah. Er packte den Regenwurm – im Traum – mit einer Kralle.

Aber der Regenwurm saß zu fest in der Erde, er ließ sich nicht herausziehen. Da fing der Hahn – im Traum – an, mit dem Schnabel die Erde aufzuhacken, während er weiter mit der Kralle fest am Wurme zog – und davon wachte der großmächtige Zauberer auf und schrie vor Schmerzen. Denn der Hahn hatte ihn bei einer Haarsträhne gepackt, riß mit der Kralle daran und hackte mit dem Schnabel in seinen Kopf.

Der Zauberer schalt: "Ihr seid ein ganz freches Gesindel! So etwas würde das Unglückshuhn nie tun", und jagte das Geflügel aus der Stube. Doch machte es draußen gleich ein so lautes Geschrei und Gegacker, daß der Zauberer nachsehen mußte, was da wieder geschehen war. Hühner und Hahn aber standen aufgeregt um das silberhäutige Huhn herum, das tot ohne Kopf am Boden lag.

Der Zauberer hob es auf und sprach traurig: "Wer hat denn das nun wieder getan? Sicher deine Feinde, die bösen Elstern, die auf deine Silberhaut gierig waren. Aber warte nur, wenn ich erst deinen Kopf gefunden habe, will ich dich schon wieder lebendig machen!" Aber soviel er auch suchte, er fand den Kopf nicht, und das war kein Wunder, denn der lief ja in einem Hundebauch über Land.

Schließlich gab der Zauberer das Suchen auf. ›Das Unglückshuhn muß ich wieder lebendig kriegen‹, sprach er bei sich, ›und sollte ich mein kostbarstes Eigentum opfern. Denn ich habe in meinen Zauberbüchern gelesen, daß ich aus ihm einmal die Lebenssuppe kochen und dadurch reich und glücklich werde.‹

Als er das gesagt hatte, fiel ihm ein, daß er in einer Lade noch einen herrlichen großen Edelstein von seinem Vater her hatte. Er ließ einen kunstreichen Steinschneider kommen, und der mußte ihm aus dem Edelstein den schönsten Hühnerkopf von der Welt schleifen und schneiden. Dann wurde dieser Kopf geschickt auf die Silberhaut gepaßt, angezaubert – und schon stand das Unglückshuhn wieder lebendig!

Aber es sah gar nicht mehr wie ein Unglückshuhn aus, es glänzte und gleißte herrlich, und der diamantene Kopf schimmerte in allen Farben von der Welt, und war dabei so hart, daß man mit einem Hammer hätte daraufschlagen können, er hätte nicht den kleinsten Riß bekommen. – "So", sagte der Zauberer zufrieden, "nun bist du so fest gepanzert, daß kein Feind dir etwas tun kann. Geh nur hinaus, Unglückshuhn, und hör dir an, was die Neidhammel sagen!"

So ging das Huhn hinaus auf den Hof, und als die andern Hühner dies Geglänze und Gestrahle sahen und merkten, daß sie mit ihren Schnäbeln gar nichts mehr ausrichten konnten, daß aber das Unglückshuhn einen diamantenen Schnabel hatte, schärfer als ein Messer, da sprachen sie wütend: "Das ist doch höchst ungerecht! Wir legen dem Zauberer alle Tage ein goldenes und ein silbernes Ei, und für uns tut er gar nichts. Aber diese faule Nichtsnutzige schmückt er, als sei sie Kaiserin aller Hühner. Nein, nun wollen wir tun, als sähen wir sie gar nicht, und nie mehr ein Wort mit ihr sprechen."

Und der Hahn war erst recht wütend, denn sein stolzes buntes Kleid sah neben Silberhaut und Diamantkopf des Unglückshuhns völlig blaß und schäbig aus, und er sprach zornig zu dem Unglückshuhn: "Sprechen Sie mich bloß nicht an, Sie aufgedonnerte Person! Der Wurm krümmt sich einem ja im Magen, wenn man solch eitles Geprahle sieht! Mit Ihnen rede ich überhaupt kein Wort mehr!"

Da war das Unglückshuhn ebenso allein und traurig wie vorher. Kümmerlich saß es in den Ecken herum und seufzte: "Ach, spräche doch einmal ein nettes Huhn ein paar freundliche Tucktuck mit mir. Ach, sähe mich doch einmal der stolze, bunte Hahn liebevoll an! Ach, könnte ich doch einmal ein ganz gewöhnliches Hühnerei legen! Puttputtputt, ich bin ein rechtes Unglückshuhn!"

Unterdessen war das Hexlein weiter über Land geflogen, bis es zu dem kaiserlichen Palaste kam. Da saß die Tochter des Kaisers am Fenster und stickte. Das Hexlein sah sie sitzen und merkte, wie schön und lieblich sie war, und es dachte in seinem bösen Herzen: ›Das wäre doch das größte Unheil, das ich anrichten könnte, wenn ich des Kaisers Tochter krank machte.‹ Und das Hexlein verwandelte sich flugs in ein Marienkäferchen und setzte sich auf den Stickrahmen der Kaiserstochter.

Die sah das Marienkäferchen und sprach: "Liebes Käferchen, flieg wieder auf ein grünes Blatt. Hier auf meinem Stickrahmen steche ich dich noch gar."

Als sie aber beim Sprechen den Mund aufmachte, flog ihr das Marienkäferchen direkt in den Mund hinein. Davon, weil das Hexlein so giftig und böse war, wurde die Prinzessin auf der Stelle todsterbenskrank. Sie sank von ihrem Stuhle und war so blaß wie ein Laken auf der Bleiche.

Da ließ ihr Vater, der Kaiser, alle Ärzte zusammenrufen. Und sie klopften und horchten an der Prinzessin herum, sie gaben ihr süße und saure und bittere Medizinen, sie machten ihr trockene Umschläge und packten sie in nasse Tücher, sie ließen sie schlafen und weckten sie wieder auf, sie gaben ihr zu essen und verboten ihr alles Essen, sie machten ihr Zimmer dunkel und trugen sie dann wieder in die Sonne, sie maßen Fieber und zählten ihr den Puls – kurz, sie taten alles, was Ärzte nur tun können. Bloß auf das eine rieten sie nicht, daß die Prinzessin ein Marienkäferchen verschluckt hatte, das eine böse Hexe war.

Darüber wurde die Prinzessin kränker und kränker, und es ging mit ihr bis nahe an den Tod. Ihr Vater, der Kaiser, geriet in große Sorge um seine Tochter, sein geliebtes Kind, und er ließ im ganzen Lande bekanntmachen, wer seine Tochter von ihrer Krankheit heile, solle die Hälfte seines Königreichs bekommen.

Viele kamen darauf herbeigeeilt, aber keiner konnte der Prinzessin helfen. Da wurde der Kaiser zornig und sprach: "Ihr seid ja alle Betrüger! Ihr wollt nur gut essen und trinken in meinem kaiserlichen Palaste, meine Tochter aber macht ihr nicht gesund. Wer jetzt kommt und macht sie doch nicht gesund, dem lasse ich als einem Betrüger den Kopf abhauen."

Nun kam keiner mehr, denn davor hatten sie alle Angst. Eines Tages aber trat der Torwächter doch wieder vor den Kaiser und sprach: "Herr Kaiser, drunten steht einer, hat ein silberhäutiges Huhn mit einem Goldbein und einem Diamantkopf unter dem Arm und sagt, er kann Ihre Tochter gesund machen."

"Torwächter", fragte der Kaiser, "hast du ihm auch gesagt, daß ich ihm den Kopf abschlagen lasse, wenn er die Prinzessin nicht gesund macht?"

"Das habe ich ihm gesagt", sprach der Torwächter.

"So schicke ihn herauf!" gebot der Kaiser.

Also kam der Mann hinauf in die kaiserliche Halle, wo auch die Prinzessin sterbenskrank auf einem Bette lag, und es war der großmächtige Zauberer mit seinem Unglückshuhn. "Erlaubet, Herr Kaiser", sprach der Zauberer, "daß ich hier vor den Augen der Prinzessin aus diesem Huhn eine Suppe koche. Das ist eine Lebenssuppe, und wenn die Prinzessin davon ißt, wird sie wieder gesund."

"Man mache hier ein Feuer", gebot der Kaiser, "und bringe einen Kochtopf mit heißem Wasser. – Du weißt aber, wenn es dir nicht gelingt, lasse ich dir den Kopf abschlagen?"

"Es gelingt mir", sprach der Zauberer und warf das Unglückshuhn in das kochende Wasser.

Als das Huhn eine Weile gekocht hatte, fragte der Kaiser, der ungeduldig war, seine Tochter wieder gesund zu sehen: "Riecht die Lebenssuppe schon?"

"Nein", sprach einer von seinen Leuten, die dabeistanden und zusahen.

"Wie sieht sie denn aus?" fragte der Kaiser.

"Wie klares Wasser", wurde ihm geantwortet.

"Was tut denn das Huhn?" fragte der Kaiser wieder.

"Es sitzt im Wasser und spricht: ›Puttputtputt, ich Unglückshuhn!‹"

"So macht ein stärkeres Feuer unter dem Topf!" gebot der Kaiser. "Dieses Huhn muß wohl auf gewaltigem Feuer gekocht werden."

Sie taten es, und nach einer Weile erkundigte sich der Kaiser von neuem. Aber alles war unverändert: die Suppe roch nicht, war wasserklar, und das Huhn saß darin wie in einem Bad und sprach nur: "Puttputtputt, ich Unglückshuhn!" Noch einmal wurde stärkeres Feuer gemacht, aber alles blieb, wie es war. Da runzelte der Kaiser die Stirne fürchterlich und fragte den Zauberer: "Nun, was ist dies, du Mann? Wird das eine Suppe oder bleibt es Wasser?"

Der Zauberer aber sprach zitternd: "Mächtiger Kaiser, ich gestehe, ich habe einen großen Fehler gemacht. Diesem Huhn wurde von seinen Feinden sehr nachgestellt, und so habe ich ihm ein Goldbein, eine Silberhaut und einen Diamantkopf gegeben, daß niemand ihm noch etwas zuleide tun konnte. Aber ich habe dabei nicht bedacht, daß man Silber, Gold und Diamant nicht kochen kann.

Wir könnten dieses Unglückshuhn wohl noch drei Jahre auf dem Feuer haben, das Wasser würde Wasser bleiben und keine Suppe werden."

"So kannst du also die Lebenssuppe nicht kochen?" fragte der Kaiser zornig.

"Nein", antwortete der Zauberer betrübt.

"So muß ich dir den Kopf abschlagen lassen", sprach der Kaiser. "Denn ich habe mein kaiserliches Wort darauf gegeben."

Damit winkte er einem seiner Soldaten, der sofort den Säbel zog. Der Zauberer sah betrübt darein und dachte: ›Schade, nun muß ich also sterben.‹

Das Hexlein aber, in der Prinzessin Kehle, wollte gerne sehen, wie ihrem bösen Feind, dem großmächtigen Zauberer, der Kopf abgehauen wurde. Es kroch also aus dem Munde der Prinzessin und setzte sich auf die Lippe, um bequem zuzuschauen. Da sah der Zauberer es, und mit seinen Zauberaugen erkannte er, daß dies kein Marienkäferchen war, sondern ein verwandeltes Hexlein. Er rief mit lauter Stimme zu dem Unglückshuhn im Kochtopf: "Pick auf! Pick auf!"

Da flatterte das Unglückshuhn aus dem Topf und pickte das Marienkäferchen auf und zermalmte es mit seinem diamantenen Schnabel.

In demselben Augenblick war die Prinzessin wieder so gesund und schön und lieblich, wie sie gewesen.

Der Kaiser gebot dem Soldaten, wieder seinen Säbel einzustecken, zu dem Zauberer aber sprach er: "Du hast zwar die Lebenssuppe nicht kochen können, aber dein Huhn hat meiner Tochter das Leben gerettet. Darum sollst du auch dein Leben behalten und die Hälfte meines Reiches bekommen."

Der Zauberer freute sich gewaltig, und zum Dank schenkte er der Prinzessin das Unglückshuhn. Das durfte nun im kaiserlichen Schlosse wohnen und bekam jeden Tag Weizen auf goldenen und Regenwürmer auf silbernen Tellern zu fressen. Ging es aber einmal spazieren, so schritten zehn stolze, bunte Hähne voraus, und zehn an seiner Seite, und zehn Hähne gingen hinterher. Und alle dreißig Hähne kikerikiten aus ganzer Kraft und riefen: "Platz da! Aus dem Wege! Hier kommt das Huhn der kaiserlichen Prinzessin, das Huhn aller Hühner, das Glückshuhn!"

Das Huhn aber sprach bei sich: ›Ach, wenn mich doch meine Schwestern und der stolze, bunte Hahn vom Hofe des Zauberers so sehen könnten! Aber die sind nicht hier, und so macht es mir auch keinen Spaß. Puttputtputt, ich bin ein rechtes Unglückshuhn!‹

Geschichte vom verkehrten Tag

Als die Mummi am frühen Morgen aufwachte, sah sie, daß der Papa noch schlief. Er hatte die Steppdecke fein säuberlich vor das Bett gelegt und sich mit dem Bettvorleger zugedeckt. "O weh!" seufzte da die Mummi, "dies wird wohl wieder mal solch verdrehter Tag, an dem alles verkehrt geht. Da muß ich gleich einmal sehen, was die Kinder machen."

Sie ging ins Zimmer vom Schwesterchen, es schlief noch, aber es hatte die Füße auf dem Kopfkissen und den Kopf unter der Decke. Als die Mummi es zurechtlegte, sagte das Schwesterchen: "Ich bin aber keine grüne Gurke", lachte und schlief weiter.

Im Bett vom Knulli-Bulli lag die Decke ganz dick, aber der Junge war nicht zu sehen. ›Aha!‹ dachte die Mummi, ›er hat sich wieder einmal unter die Decke verkrochen.‹ Sie schlug die Decke zurück – da lag im Bett Frau Kuh! "Bitte schön,liebe Erikuh, können Sie mir nicht sagen, wo der Uli ist?" Aber die Kuh muhte bloß schläfrig und machte gleich wieder die Augen zu.

"Nein, es ist zu schlimm mit solchem verkehrten Tag!" seufzte die Mummi. "Ich muß mich wirklich einmal hinsetzen und ausruhen." Sie setzte sich auf einen Stuhl, da fuhr der Stuhl mit ihr ab in die Küche. Auf der Küchenuhr sah die Mummi, daß es schon acht Uhr war. "Nein", rief sie, "nun muß ich aber gleich Frühstück machen." Als sie aber nochmals auf die Uhr sah, war sie schon zehn. Da sah die Mummi genauer hin und merkte, daß der Knulli auf einem Zeiger ritt. "Kommst du sofort runter, Uli!" rief sie. "Du bringst ja alle Zeit durcheinander. Hilf mir lieber beim Frühstückmachen!"

Uli setzte sich auf eine Fliege, kniff sie in den Po und schwupp! war er beim Küchenherd. Nun taten sie Holz und Kohlen auf die Herdplatte und gossen Wasser ins Herdloch. Dann steckten sie das Wasser mit einem Streichholz an, und als Holz und Kohlen zu kochen anfingen, holte Mummi die Eier. "Wieviel brauchen wir denn?" fragte sie. "Wir sind vier Große und zwei Kinder, vier und zwei macht drei", und sie schlug neun Eier auf die Kohlen.

"Was machst du denn, Mummi?" fragte Uli-Knulli.

"Ja, heute ist ein verkehrter Tag", seufzte die Mummi. "Aber ich mache Setzei."

"Nein", rief Knulli, "du sollst Spiegelei machen!"

"Nein", schrie Mummi. "Ich mache Setzei!"

"Willst du das noch einmal sagen?!" brüllte Uli. "Gleich gibt es einen Backs!"

Da ging die Tür auf, und herein kam der Schimmel. "Streitet euch nicht, Kinder", sprach er gemütlich. "Sonst kriegt ihr alle beide Haue. Spiegelei und Setzei ist doch dasselbe. – Nun zieht euch schön warm aus, wir fahren nach Feldberg zur Tante, ich spanne gleich den Papa an."

Damit ging der Schimmel in das Schlafzimmer, Mummi und Uli aber hörten eine feine Stimme rufen: "Ich will auch mit! Ich auch!"

"Das ist doch die Miezi!" sagte die Mummi verwundert und zog die Tischschublade auf. Richtig, da lag die Miezi zwischen Löffeln, Gabeln und Messern. "Nein, habe ich schlecht geschlafen!" gähnte sie. "Eine Gabel hat mich immer in die Seite gestochen, und ein Löffel wollte mir immerzu den Mund auslöffeln."

"Ich will, daß Sie ordentlicher werden, Miezi", sprach die Mummi streng. "Sehen Sie gleich einmal in Ihrem Bett nach: sicher haben Sie den groben Auffüllöffel in Ihr Bett gelegt und sich statt des Löffels in die Schieblade."

Sie sahen nach – richtig! Der Auffüllöffel lag in Miezis Bett, hatte ihr Nachthemd an und schlief noch ganz fest. "Rut ut de Betten!" rief Miezi und ließ den Wecker klingeln. Da fuhr der Auffüllöffel mit einem silbernen Geklapper aus dem Bett, warf das Nachthemd ab und fing eilig an, das Waschwasser aus der Waschschüssel in den Toiletteneimer zu löffeln. "So waschen sich artige Löffel!" sagte er und lachte dazu silbern.

Der Schimmel knallte schon mit der Peitsche. Er saß auf dem Bock, Papa aber stand angespannt mit hängendem Kopf trübselig vor dem Wagen.

Als sie aber einstiegen, drehte er listig den Kopf um, zu sehen, wie viele es wären. Denn wenn es zu viele wären, wollte er nicht ziehen.

"Sind alle da?" fragte der Schimmel. "Hü, Papa!"

"Halt!" rief die Mummi, "wo ist denn Tante Palitzsch?"

"Ich bin hier!" rief die Tante mit heller Stimme. "Mich hat der Schimmel hinten als Katzenauge angemacht, sonst schreibt uns Wachtmeister Heuer in Feldberg auf."

"Und wo ist die Peggi?" fragte die Mummi.

"Peggi ist nicht artig gewesen", sagte Tante Palitzsch, "sie darf nicht mit."

"Was hat sie denn gemacht?" fragte Schwesterchen.

"Sie hat mir die Augen nicht ausgewischt!" rief Tante Palitzsch. "Nun muß sie zur Strafe den Fußboden rein ablecken."

"Hü!" rief der Schimmel, und Papa fing an zu laufen. Er lief, bis er am Berg bei Schönfeld war. Da bockte er und trat rückwärts, und rückwärts schob er den Wagen auf den Hof.

"Wat is di, Papa?" rief Uli und faßte den Vater vorne am Zügel. Hinten knallte der Schimmel mit der Peitsche, und nun ging es immer schneller durch das Dorf. Die Fenster guckten aus den Leuten und lachten, die Schweine blieben stehen und nahmen ihre Mützen ab, und der alte Akazienbaum beim Gemeindevorsteher stand vor Vergnügen kopf, daß sich all seine Wurzeln sträubten.

Als sie nun aus dem Dorf waren, sahen sie bei der alten Weide mitten auf dem Weg eine große Pfütze. "Hü!" rief der Schimmel und rüttelte die Zügel. Aber es war zu spät: Papa hatte sich schon der Länge nach hineingelegt und wollte nicht wieder aufstehen. "Da hilft alles nichts", sprach der Schimmel. "Da müssen wir eben einmal verkehrte Welt spielen. Wir setzen den Papa in den Wagen und ziehen."

Alle waren damit einverstanden, und rasch kamen sie so nach Feldberg. Frau Wendel stand vor der Tür vom "Deutschen Haus" und rief: "Was denkt ihr Rasselfamilie denn –?! Fix her und die Teller abgewaschen! Es wird höchste Zeit!"

Sie wollten alle gerade ins Haus, da kam Wachtmeister Heuer gegangen. "Wo ist denn das Katzenauge an eurem Wagen?" fragte er.

"Erlauben Sie mal, Herr Wachtmeister", sagte der Schimmel. "Ich habe selbst die Tante Palitzsch als Katzenauge angemacht."

"Ich sehe keins", sagte Wachtmeister Heuer. "Seht ihr eins?"

Sie sahen auch keins.

"Wo ist es bloß?" fragte der Schimmel ganz ängstlich. "Ob die Tante abgefallen ist –?"

Aber sie wachte gerade auf. "Entschuldigt bloß", sagte sie und gähnte. "Es war so heiß und der Wagen stuckerte so, da habe ich schnell die Augen zugemacht."

"Ja, wenn Sie die Augen zumachen, kann man freilich das Katzenauge nicht sehen", sagte der Wachtmeister streng. "Ihr habt kein Katzenauge gehabt – da hilft nun nichts: ihr müßt alle ins Gefängnis."

"Zu Befehl, Herr Wachtmeister!" riefen sie alle. Aber Frau Wendel sagte: "Lassen Sie doch erst die Teller abwaschen, Heuer!"

"Natürlich", sagte der Wachtmeister. "Abwaschen muß man erst, ehe man ins Gefängnis darf. Ich helfe gleich selber mit."

Da gingen sie in die Küche, und in der Küche standen alle Tische und Stühle und der Herd und der Fußboden voller Geschirr. "O je!" rief Mummi. "Das ist ja ein ziemlich langweiliger Tüterkram, wenn wir das alles abwaschen sollen. Und ich wollte doch so gerne noch auf Ihrem Radio Klavier spielen."

"Nein, das geht ganz schnell", sagte der Papa und nahm einen Teller. "Das Geschirr ist ja aus Gummi und nicht aus Porzellan." Und damit warf er den Teller durch das offene Küchenfenster in den Haussee. Richtig schwamm der Teller auf dem See. "Wir werfen einfach das ganze Geschirr in den See. Da wäscht es sich von selbst ab, und nachher fahren wir mit dem Motorboot herum und sammeln es sauber wieder ein", sagte der Papa.

So taten sie, und die Teller und die Tassen und die Schüsseln und die Aufschnittplatten flogen immer schneller aus dem Fenster, und im See klatschte und spritzte es immerzu, und die Schwäne schwammen ärgerlich zischend fort, denn einen Teller auf den Kopf zu bekommen, auch wenn er bloß aus Gummi ist, ist nicht angenehm.

Plötzlich aber griff Uli-Knulli nach einer ungeheuer großen Suppenterrine. "Nicht die, Uli!" schrie Frau Wendel. "Die ist aus Porzellan und geht bestimmt kaputt."

Aber Uli hatte schon geworfen, und er hatte der Terrine solchen Schwung gegeben, daß sie weit über den See fortflog. Und sie stieg noch immer höher und höher und hörte nicht eher auf mit Höhersteigen, bis sie als lieber Mond am Himmel leuchtete.

"O Gott, o Gott!" rief Frau Wendel. "Ich sage es ja, immer diese ollen Jungen! Meine schöne Terrine! In was soll ich denn nun meine Suppe tun?!"

"Da hast du aber was angerichtet, Junge", sagte der Wachtmeister. "Gleich holst du die Terrine wieder!"

Und Uli besann sich auch nicht lange, sondern er trat vorsichtig auf die glänzende Strahlenbahn, die vom Mond übern See bis ans Küchenfenster lag. Als er aber merkte, sie hielt wirklich, ging er immer kecker und schneller weiter und höher. Als das die andern sahen, besannen sie sich nicht lange, sondern stiegen hintennach. Zuerst das Schwesterchen und dann die Miezi und Mummi und der Papa und Wachtmeister Heuer und Frau Wendel, und ganz zuletzt ging der Schimmel. Der aber hatte sich Tante Palitzsch als Katzenauge an den Po gemacht: "Denn mir soll keiner in den Hintern fahren!"

So stiegen sie immer höher und höher, und zuerst lag das Hotel "Deutsches Haus" ganz klein unter ihnen, und dann das ganze Städtel Feldberg mit seinem roten, spitzen Kirchturm, und dann die ganze liebe, dunkle Erde. Und nun kamen sie den Sternen immer näher, sie wurden größer und groß und funkelten und strahlten unbeschreiblich.

Da waren sie im Monde angelangt, das heißt, in Frau Wendels Suppenterrine, die vom Fliegen so ausgeweitet war, daß alle bequem darin Platz hatten.

"O je, die ist aber nicht sehr fest angemacht!" rief Uli, denn die Terrine wackelte, als er hineintrat. Da sahen sie genauer hin und merkten, die Terrine hing in einem großen, leuchtenden Netz von weißen Strahlen.

"Ich will schaukeln!" rief das Schwesterchen, und schon fingen Uli und Schwesterchen an, in der Terrine zu schaukeln, und die andern schaukelten mit. Und sie schwangen ganz herrlich durch den ungeheuren Himmel, und einmal waren sie der Erde und dem Städtchen Feldberg und dem Haussee ganz nah, und dann waren sie wieder unendlich weit fort, ganz allein zwischen den strahlenden Sternen.

"Nicht so doll!" mahnte die Mummi. "Ihr stoßt ja an die Sterne."

Aber sie schaukelten immer wilder und wilder und stießen einen Stern um und einen zweiten und einen dritten und viele, viele. Die umgestoßenen Sterne aber eilten leuchtend durch den Himmel und verschwanden ferne in der Nacht.

"Haltet ein! Haltet ein!" rief die Mummi angstvoll. "Herr Heuer soll uns festhalten!"

Aber da rissen schon die silbernen Strahlen, an denen die Schüssel hing, und alle zusammen – Uli und Schwesterchen, Miezi und Herr Heuer, Papa und Mummi, Frau Wendel und Tante Palitzsch, der Schimmel und die Schüssel – fielen, fielen, fielen in den Haussee.

"I gitt, ist das naß!" rief die Mummi und machte die Augen auf. Da war es früher Morgen, und Uli stand vor ihrem Bett, seinen nassen Waschlappen in der Hand und sagte: "Nun wird es aber Zeit, daß du aufwachst, Mummi. Habe ich dich nicht schön naß aufgeweckt?"

"Gott sei Dank!" sagte Mummi. "Es war alles also bloß ein Traum. Das ist nur gut. Der Tag war mir ein bißchen zu verkehrt."

Geschichte vom getreuen Igel

Es war einmal ein Mann aus der Stadt aufs Land gezogen, der kannte die Igel noch nicht und wußte nicht, was sie für getreue Gesellen sind. Als der nun eines Abends zur Dämmerung in seinem Garten spazierenging, hörte er unter den Büschen etwas rascheln, und als er genauer zusah, meinte er, ein graues spitzes Osterei auf kurzen Beinen einhertorkeln zu sehen.

"Hör mal, was willst du denn hier? Dies ist mein Garten!" rief er, aber das spitze Osterei verschwand geschwind in einem Erbsenbeet und ließ sich an diesem Abend nicht wieder sehen.

Das nächste Mal war der Mann beim Himbeerpflücken. Da raschelte es zwischen den dicht stehenden Himbeeren, und ehe sich der Mann noch versah, war etwas Graues, Spitzes über den Weg gelaufen und zwischen den Spargelbeeten verschwunden.

"Nun schlägt es aber dreizehn!" sprach der Mann. "Das sah ja genau wie ein klimperkleines Wildschwein aus! Sollte ich Schweine in meinem Garten haben? Das wäre doch unerhört!" Und er ging den ganzen Zaun ab, der um Haus und Hof und Garten lief, aber der Drahtzaun war neu und gut, und kein Loch darin zu finden. "Es ist doch unerhört!" schrie der Mann noch einmal. "Ich füttere in meinem Garten keine wilden Tiere!"

Als er aber an diesem Abend, es war schon fast dunkel, aus dem Haus in den Garten trat, sah er auf dem Rasen etwas Rundes, Weißes stehen. Und in das Runde, Weiße reichte etwas spitznäsig Schwarzes und fraß. "Du glaubst es nicht!" seufzte der Mann aus der Stadt empört, "nun frißt der fremde Bursche noch meinem guten Plischhund das Futter weg!" Und er ging schnell, den Hund Plischi zu rufen. Als er mit dem aber zurückkam, war der fremde Gast schon fort, der Futternapf aber war leergeschleckt.

"Auf dem Lande gefällt es mir aber gar nicht", seufzte da der Mann. "In der Stadt habe ich höchstens einmal eine Maus in meiner Speisekammer. Hier auf dem Lande aber ziehen die Tauben die Erbsen, und die Hühner scharren die Beete auf. Die Stare picken die Kirschen, die Frösche fressen die Erdbeeren, und die Wespen die Birnen. Maden sitzen in den Himbeeren, Raupen nagen am Kohl, und Würmer fressen mir die Kartoffeln. So viel Ungeziefer, daß ich es gar nicht sagen kann, muß ich in meinem Garten miternähren – und nun will ein fremder Bursche, der wie ein spitzes Osterei aussieht, auch noch meinem Plischi die Schüssel leerfressen? Nein, das dulde ich nicht!"

Und er ging umher und suchte, wo er das fremde Tier fände, aber soviel er auch suchte, er fand es nicht. Als der Mann nun müde in der Nacht im Bette lag, konnte er nicht einschlafen, denn der Hund auf dem Hofe bellte und jaulte wie rasend. ›Was hat denn bloß der Plischi?‹ überlegte der Mann. ›Er macht ja ein Getöse, daß man kein Auge zutun kann! Ich muß doch einmal nachsehen, was los ist.‹ Und seufzend stand er auf, und weil es eine warme Sommernacht war, ging er so, wie er war, nämlich im Hemd und mit bloßen Füßen, auf den Hof.

Es stand ein bißchen Mond am Himmel, so konnte der Mann sehen, daß ein graues Häufchen auf dem Hofpflaster lag. Und der Plischhund sprang mit einem Satz auf das Häufchen zu, wollte hineinbeißen, jaulte schmerzlich und sprang wieder zurück. Von neuem sprang er vor, schlug diesmal mit der Pfote danach, jaulte abermals vor Schmerzen ...

"Was ist denn das für ein komisches Häufchen?" fragte der Mann und stieß mit dem Fuß danach. Dieser Fuß war nackt. "Aua!" schrie der Mann. "Wer hat denn hier Stacheldraht auf den Hof gelegt?" Und er griff mit der Hand zu. "Aua! Aua! Aua!" schrie der Mann wieder. "Wollen Sie mal nicht so pieken, Sie – auf meinem Hof!" Und der Mann hätte am liebsten gejault wie der Hund.

Indem bekam der Stacheldraht vier Beine, raschelte und lief um die Ecke vom Holzschuppen.

"Plischi!" sprach der Mann zum Hunde. "Jetzt weiß ich es. Ich habe solche Tiere schon in Bilderbüchern gesehen, das ist ein Igel!"

Der Plischhund blaffte, das konnte ja heißen.

"Ein Stacheligel, ein ganz gewöhnlicher Schweineigel!" sprach der Mann. "So was wollen wir nicht bei uns haben, wo es piekt und noch dein Futter wegfrißt, nicht wahr?"

Plisch blaffte wieder.

"Komm, wir wollen den ollen Igel suchen und aus dem Garten schmeißen", sprach der Herr, machte die Tür zum Garten auf, und Herr und Hund gingen in den Garten. Nur war der Garten sonst dem Plischhund streng verboten, weil er sich nicht daran gewöhnen konnte, manierlich auf den Wegen zu gehen, sondern immer auf die Beete trat. Aber an diesem Abend war es dem Mann egal. "Such, Plischi, such, guter Hund!" sagte er, und Plischi lief über die Beete und suchte und zertrat junge Pflanzen so viele, wie zehn Igel in zehn Tagen nicht zertreten.

Schließlich fanden sie den Igel im Obstgarten, wo er mit viel Schmatzen eine dicke, überreife, matschige Fallbirne verzehrte. Als der Igel aber die beiden kommen hörte, rollte er sich schnell zu einer Stachelkugel zusammen.

"Siehst du, Plischi", sprach der Herr traurig zu seinem Hunde, "was das für ein häßlicher Igel ist: nicht nur dein Futter, nein, auch meine schönen Birnen frißt er weg. Den müssen wir ausrotten. Aber wie –?"

Darauf wußte Plischi keine Antwort, er jaulte bloß, denn wegen der scharfen Stacheln traute er sich nicht mehr an den Igel heran. Der Mann traute sich auch nicht mehr an den Igel heran, darum stand er eine lange Weile und dachte scharf nach. Als er lange genug nachgedacht hatte, sagte er freudig:

"Mir ist etwas Gutes eingefallen, Plischi: wir hungern den Igel aus! Jetzt gehe ich in den Holzstall und hole eine alte Kiste. Die stülpen wir über den Igel, und wenn er dann drei Nächte und drei Tage darunter gesessen hat, wird er wohl verhungert sein!"

Plischi blaffte leise. Der Mann nahm es für ja und ging zum Holzschuppen. Als er aber zehn Schritte gegangen war, merkte er, daß der Hund hinter ihm ging. Da sprach er: "Nicht so, guter Plisch. Du mußt bei dem Igel sitzenbleiben und aufpassen, daß er nicht wegläuft, während ich die Kiste hole."

Und er ging zurück mit dem Hund zum Igel, hieß den Hund sich vor den Igel hinsetzen und ging wiederum, die Kiste zu holen. In dem dunklen Holzstall aber erfuhr der Mann nichts Gutes: eine Kiste fiel ihm auf den nackten Fuß und quetschte ihn, an der zweiten Kiste riß er sich einen Splitter ein, die dritte Kiste stach ihn mit einem Nagel. "Ach, was ist doch solch ein Igel für ein böses Tier!" seufzte der Mann. "Die Leute haben ganz recht, wenn sie ihn Schweineigel nennen." Damit nahm er die vierte Kiste und ging in den Obstgarten unter den Birnbaum.

Aber da waren weder Igel noch Hund zu sehen. Der Mann guckte, so gut er gucken konnte, er pfiff und lockte, so gut er locken konnte, aber nicht Hund noch Igel meldeten sich.

Der Mann stellte die Kiste ab, seufzte schwer und sprach: "Was ist denn nun bloß passiert? Sicher ist der Igel weitergegangen, und der Plischi hinterher, aber jetzt könnte er sich doch einmal mit einem Bellen melden."

Er suchte und suchte im Garten, aber er fand nichts. Schließlich wurde er des Suchens müde, seine nackten Füße waren vom Tau naß, er fror in seinem Hemde –: ›Jetzt lege ich mich ins Bett, werde warm und schlafe‹, dachte der Mann. ›Der Plischi wird schon auf den Igel achten.‹

Als der Mann ins Haus hineinging, dessen Tür er vorhin in der Eile offengelassen hatte, hörte er in seiner Küche grobes Gepolter und dann fürchterliches Geklirr von zerbrechendem Geschirr. Und als er Licht machte, sah er seinen eigenen Hund, den Plischi, der war über die Milch geraten, hatte den Kalbsbraten angebissen, die Schüssel mit den Bohnen vom Tisch gestoßen, ein Vorderbein in den Schmalztopf, ein Hinterbein ins Blaubeerkompott gesteckt; mit dem Schwanz war er am Fliegenfänger klebengeblieben, und die Schnauze hatte er in die Quarkschüssel getaucht.

"I du elender Hund!" schrie der Herr zornig. "Hat der alte Schweineigel dich solche Gemeinheiten gelehrt? Warte, ich will dir!" Und er fuhr mit dem Besen auf den Hund los. Der Plischi, weil er sah, es sollte Prügel geben, und gesalzene dazu, weil er noch sah, der Herr stand in der Tür und ließ ihn nicht raus, der Plischi tat einen Sprung und fuhr mit einem fürchterlichen Wehgeheul durch die Fensterscheibe, daß sie klirrend zerbrach. Dann rannte er in die Nacht hinaus und hörte nicht eher auf zu rennen, bis weder Haus noch Licht noch Mensch zu sehen waren.

Der Mann aber räumte seufzend und müde gähnend die verwüstete Küche auf und sprach bei sich: ›Eigentlich bin ich ja schuld, ich hätte die Küchentür zumachen müssen. Aber eigentlich ist doch allein der alte Igel schuld. Wäre der nichtüber den Hof gelaufen, hätte der Hund nicht gebellt. Hätte der Hund nicht gebellt, wär ich nicht aufgewacht. Wär ich nicht aufgewacht, wär ich nicht auf den Hof gegangen. Wär ich nicht auf den Hof gegangen, hätt ich die Küchentür nicht aufgemacht. Hätt ich die Küchentür zugelassen, hätt der Hund nicht reingekonnt. Hätt der Hund nicht reingekonnt, wär alles heil geblieben. Weil also der Igel über den Hof gelaufen ist, ging mein Geschirr entzwei, und mein schönes Essen wurde verdorben. Na, warte, alter Igel, wenn ich dich erwische!‹ Damit gähnte der Mann nochmals, ging ins Bett, wurde warm und schlief ein.

Am nächsten Morgen war der Plischhund wieder da; er wackelte mit dem Kopf, kniff die Augen zu und klemmte den Schwanz ein, als der Herr strafend zu ihm sagte: "Plischi, ich glaube, du bist ein rechter Höllenhund!" Aber dann besann sich der Mann und sprach: "Aber der Schweineigel, der an allem allein schuld ist, der ist ein richtiger Höllenfürst!" Damit ging der Mann wieder an seine Arbeit und dachte an den Abend, an dem er den Igel fangen wollte. Plischi aber schlief nach der durchbummelten Nacht friedlich in seiner Hütte und bellte nur manchmal leise im Schlaf, wenn durch seinen Traum ein spitzes Osterei auf vier Beinen wackelte.

Als nun der Mann zu Abend gegessen hatte, und es schon fast dunkel war, steckte er eine Lampe in die Tasche und begab sich zu dem Birnbaum, unter dem er am gestrigen Abend die Kiste hatte stehenlassen. Sie stand noch da – aber neben ihr saß wahrhaftig dieses freche Igeltier und fraß schon wieder eine Birne –!

›Halt!‹ sprach der Mann bei sich. ›Die Kiste steht bereit, weg kommt mir dieser Bursche nicht, so kann ich erst einmal zusehen, wie viele Birnen er mir in seiner Unverschämtheit wegfrißt.‹

Der Mann stand und wartete, der Igel saß und fraß. Der Mann hatte es eigentlich eilig, ins Bett zu kommen, der Igel hatte alle Zeit von der Welt – er fraß mit viel Genuß und schmatzte dabei wie ein Schweinchen. ›Alter Schweineigel‹, sagte der Mann zu sich. ›Viele Birnen sollst du mir nicht mehr wegschmatzen.‹

Als der Igel die Birnen aufgefressen hatte, legte er sich ins Gras und auf den Rücken und streckte die Beine zum Himmel. "Nanu!" sagte der Mann. "Das ist ja ein unerhörtes Benehmen! Dir scheint es ja in meinem Garten sehr gut zu gefallen." Der Igel, als hätte er das verstanden, fing an, sich im Grase zu wälzen, und quiekte leise und vergnügt dabei. "Immer schöner!" sprach der Mann grimmig. "Unter meiner Kiste wird dir das Wälzen schon vergehen."

Der Igel stand auf und fing an, weiterzumarschieren. "Was denn?" sagte der Mann. "Der sieht ja plötzlich ganz anders aus. Der hat ja lauter Buckel." Und er knipste seine Taschenlaterne an, den Igel abzuleuchten. Sofort schrie er: "Halt, du böser Birnendieb!" Auf der Stelle rollte sich der Igel zusammen. Der Mann ging an ihn heran, und da sah er nun freilich, daß der Igel ein noch viel böserer Birnendieb war, als er geglaubt hatte. Denn der Igel hatte sich nicht nur so zum Vergnügen im Grase gewälzt, er hatte sich dabei fünf schöne, reife

Birnen auf die Stacheln gepiekt. Die wollte er nun wohl als Nachtessen in seinen Bau tragen.

"Igel!" sprach der Mann zu dem zusammengerollten Stacheltier. "Böser Igel, Diebsigel, Birnendiebsigel, Fallbirnendiebsigel – ach, du alter böser Schweineigel, jetzt mußt du verhungern und sterben." Damit nahm er die Kiste, rief noch einmal: "Siehste, nun kommst du unter die Kiste!" und stülpte sie über den Igel.

Danach ging der Mann ins Haus und legte sich vergnügt zu Bett. Als er aber gerade im Einschlafen war, fiel ihm ein, daß er es doch noch falsch gemacht hatte. Er hatte dem Igel ja die Birnen auf den Stacheln gelassen, da würde es zu lange dauern, bis er verhungerte. "Nein, was man für Scherereien mit solchem Igel hat!" seufzte er, stand auf und ging wieder in den Garten.

Unter der Kiste raschelte es und quiekte es. Der Mann klopfte gegen die Kiste. "Du", sprach er mahnend, "ein Gefangener hat leise und anständig zu sein. Roll dich jetzt man wieder zusammen, sonst läufst du mir noch weg, wenn ich die Kiste hochhebe." Er horchte, unter der Kiste war es ruhig. Er hob sie vorsichtig hoch, richtig saß der Igel zusammengerollt darunter. "Na, das ist ja schon ganz artig", sprach der Mann. "Aber jetzt ist es freilich mit dem Artigsein zu spät, sterben mußt du doch." Damit sammelte er die Birnen auf, von denen einige schon aus den Stacheln gefallen waren, stülpte die Kiste wieder über, ging ins Haus, legte sich ins Bett, machte das Licht aus und schlief ein – sehr zufrieden mit dem, was er getan hatte.

Den ganzen nächsten Tag war der Mann sehr vergnügt, immer einmal ging er von seiner Arbeit im Haus oder Garten fort und zu der Kiste. Dann klopfte er mit dem Finger gegen die Kiste und horchte, aber es rührte sich nichts darunter. ›Sicher ist der Igel schon vor Hunger ganz schwach und entkräftet, daß er sich nicht mehr rühren kann‹, überlegte der Mann. ›Aber hoch hebe ich die Kiste jetzt lieber noch nicht. Vielleicht beißt er mich dann vor Wut ins Bein, und vielleicht ist solcher Wutbiß giftig, und vielleicht sterbe ich daran, und vielleicht bin ich dann noch eher tot als der Igel. Nein, das wollen wir mal lieber nicht machen.‹

Damit ging der Mann wieder an seine Arbeit, und so machte er es drei volle Tage, bis er sicher war, daß der Igel jetzt vor Hunger gestorben sein müßte. Da ging er hin, und leise – vorsichtig – sachte – still – behutsam – ängstlich –

sorgsam hob er die Kiste hoch und sah darunter. Und unter der Kiste war – – – nichts!

"Nanu!" sagte der Mann, kratzte sich die Nase und sah den leeren Grasfleck an. Aber es war wirklich gar nichts da. ›Sollte sich der Igel vor Hunger ganz in Luft aufgelöst haben?‹ fragte sich der Mann. Aber das hatte der Igel nicht getan, sondern als der Mann genauer hinsah, merkte er, daß der Igel sich ein Loch unter der Kiste durchgegraben hatte und ausgerissen war.

›Nein, dieser Heimtücker!‹ wunderte sich der Mann. ›Darum war es also so still unter der Kiste!‹

›Da habe ich mich also drei Tage umsonst gefreut‹, ärgerte sich der Mann. ›Das ist wirklich ein Jammer.‹

›Aus meinem Garten wird er aber ausgezogen sein‹, tröstete sich der Mann. ›Er hat doch sicher eingesehen, daß ich mir seine Frechheiten nicht gefallen lasse.‹

Darin aber irrte sich der Mann. Er wußte eben noch nicht, was für getreue Gesellen die Igel sind. –

An einem schönen, stillen Abend saß der Mann nun recht zufrieden, seine Pfeife rauchend, auf einer Bank, die an seinem Komposthaufen stand. Oben auf dem Komposthaufen wuchsen Gurken, unten auf der Bank saß rauchend der Mann. ›Morgen könnte es ein bißchen regnen‹, überlegte der Mann. ›Das ewige Gießen ist mir schon recht über. Aber für meine Gurken ist es mir nicht leid – ich will die allerlängsten und allerdicksten Gurken von allen Leuten ernten.‹ Wirklich hingen sehr schöne große Gurken da oben, aber der Mann wollte sie noch schöner und dicker haben.

Gerade als der Mann dies überlegte, raschelte es oben ein bißchen und – pardauz! fiel eine Gurke von dem hohen Komposthaufen auf die Erde. "Das verbitte ich mir!" rief der Mann und nahm die Pfeife aus dem Munde. "Ihr habt zu wachsen, nicht abzufallen, ihr Gurken!" Er bückte sich nach der Gurke, oben raschelte es wieder und – plauz! – fiel ihm die zweite Gurke auf den Rücken, daß es knallte. "Aua!" schrie der Mann. "Das tut ja weh!" Und er rieb sich den Rücken.

Oben raschelte es noch einmal, aber diesmal fiel nichts, nein, es war, als wenn etwas fortlief. ›Diebe!‹ dachte der Mann. ›Gurkendiebe!‹ Und er lief schnell um den Haufen herum. Er sah nichts, der Haufen war zu hoch. "Hallo, Sie!" schrie der Mann. "Gehen Sie mal raus da aus meinen Gurken, sonst rufe ich die Polizei."

Plauz, pardauz fiel etwas aus dem Komposthaufen heraus, und als der Mann es ansah, war es wieder einmal der Igel. "Dachte ich es mir doch!" sagte der Mann empört. "Nun ich meine Birnen gepflückt habe, gehst du an meine Gurken. Sind meine Gurken alle, wirst du die Kürbisse nehmen. Kürbisernte vorbei – machst du dich an die Rüben. Rüben alle, heißt's Kartoffeln. Kartoffeln ausgebuddelt, ist der Winter da, und du willst womöglich in mein warmes Haus. Nichts da – jetzt ist es völlig alle mit dir – aber unter eine Kiste setze ich dich nicht wieder. Mir sollst du nicht noch einmal ausreißen!"

Damit nahm der Mann eine Schaufel, schob sie unter die Stachelkugel und trug den Igel so hinunter an den See und in sein Boot. Dann setzte er sich in das Boot, ruderte ein weites Stück auf den See hinaus und warf ihn ins Wasser. "So", sagte er, "du bist weg. Meinetwegen können sich die Fische deine Stacheln in ihre Mäuler pieken." Dabei fiel ihm ein, daß er gut einmal wieder nach seiner Aalreuse sehen könnte. Er ruderte hin, zog sie hoch, und richtig waren zwei schöne starke Bengel darin. ›Das geht ja großartig‹, dachte der Mann. ›Erst die Gurken, nun die Aale. Grünen Aal mit Gurkensalat eß ich für mein Leben gerne.‹

Er ruderte vergnügt nach Haus, nahm in jede Hand einen Aal, stieg ans Ufer, ging zum Haus hinauf – wer steht im Wege?

Der Igel! Der Igel – noch ein bißchen naß, aber sonst sehr vergnügt.

Vor Schreck läßt der Mann die Aale fallen, der Igel quiekt und rennt unter einen Rosenbusch, die Aale schlängeln sich fort ins Gras, der Mann schreit auf und rennt in den Dornenbusch, wo er sich jämmerlich zersticht und zerkratzt. Die Aale sind fort, der Igel ist verschwunden, aber der Mann hat blutige Hände. Der hat nicht gut geschlafen diese Nacht!

Nun hatte dieser Mann aus der Stadt etwas in seinem Garten, das er noch mehr liebte als seine Birnen und Gurken. Das war ein kleiner Steingarten, den er sich am Wasser gebaut hatte. Schwitzend hatte er mit eigener Kraft in einer Karre große Feldsteine herangefahren und zu einem Mäuerchen aufeinandergesetzt. In die Fugen zwischen den Steinen hatte er Sand und Erde getan und allerlei Gewächs darin eingepflanzt und ausgesät, wie es am liebsten zwischen

Steinen gedeiht. Und nun blühte und wuchs das Mäuerchen herrlich mit vielen Pflanzen, die so hießen wie: Gänsekresse und Sandmiere, Wohlverleih und Sterndolde, Lichtblume, Besenheide, Lerchensporn und Mädchenauge.

In diesem Steingärtlein, das ihm doch gar keine Früchte trug, saß der Mann gerne einmal ein halbes Stündchen, ruhte sich von seiner Arbeit aus, ließ sich von der Sonne braten und sah abwechselnd die blühenden Kräutlein an oder auf den See hinaus, der im Sonnenlicht glänzte und strahlte wie ein großer Spiegel.

Am Tage nach dem schlimmen Abenteuer mit dem Igel, der ihm wieder in den Garten geschwommen war, saß der Mann auch wieder dort und ruhte sich aus. Da sah er, daß ein Pflänzlein, namens Helmkraut, in seiner Steinfuge die dunkelblauen Blütchen so traurig hängen ließ, als wolle es völlig vertrocknen. Er ging näher hinzu und bemerkte ein Loch, das bei den Wurzeln des Pflänzchens in die Erde ging. "Oh, diese bösen Mäuse!" sprach er recht traurig, "fressen sie dir deine Wurzeln ab, ohne die du doch nicht leben kannst, armes Helmkraut?" Und er stocherte mit seinem Finger in dem Loch.

Aber er fuhr angstvoll zurück, denn aus dem Loch kam ein böses, scharfes Zischen, und hervor fuhr ein kleiner Kopf mit rötlich funkelnden Augen, weit geöffnetem Maul, und zwischen den aufgesperrten Kiefern tanzte eine zweiteilige, dünne Zunge. Nach schob der Leib, grau, mit einem scharfen Zickzackband den ganzen Rücken entlang, und jetzt war die ganze Schlange draußen, und voller Angst sah der Mann, daß es eine Kreuzotter war, die böseste und giftigste Schlange, die im deutschen Lande lebt, so giftig, daß ein einziger Biß von ihr einen Mann töten kann.

Diese Kreuzotter war aus dem Loch gefahren, wütend, daß der Mann sie in ihrem Schlafe gestört hatte, und hoch aufgerichtet ließ sie den Kopf vor seinen Beinen auf und ab tanzen, die Zunge züngelnd, und jederzeit bereit zuzubeißen. Der Mann aber stand da, in Angst vor dem Biß der Schlange, und konnte gar nichts tun. Versuchte er nur, den Fuß zu rühren, um wegzulaufen, so brachte das die Schlange in neue Wut, und sie stieß vor mit dem Kopf, und ihr tödlicher Biß drohte ihm. Er aber hatte nichts zur Waffe als seine nackten Hände, um zuzugreifen, aber mit nackten Händen kann man nicht nach einer Schlange greifen, ohne gebissen zu werden.

Also stand der Mann voller Schrecken bewegungslos da, und er dachte bei sich: ›Wenn ich nur ganz ohne Bewegung stehe, so hält die Schlange vielleicht meine beiden Beine für zwei Baumstämme oder Stöcke, und nach einer Weile läßt ihre Wut nach, sie geht in ihr Loch zurück, und ich kann fliehen.‹

Die Schlange aber tanzte immer weiter zornig vor seinen Beinen, bedrohte ihn mit ihrem Maule und hielt ihn in großer Angst.

Da dachte der Mann wieder bei sich: ›Ich kann hier nicht mehr lange ohne alle Bewegung stehen. Schon schlafen meine Füße ein, und meine Waden tun mir weh. Ich muh mich rühren. Wenn ich mich aber rühre, beißt mich die Schlange, und ich muß sterben. Da habe ich mich nun die ganze Zeit hier über alles und jedes geärgert, über jede Fliege, alle Mücken und Wespen, über den Igel und über die Raupen, über Wasserschleppen und abgefallene Gurken. Alle Tage habe ich mich geärgert. Wenn ich mich alle Tage gefreut hätte, hätte ich doch ein vergnügtes Leben gehabt. So habe ich mich jeden einzigen Tag geärgert und habe nur ein dummes Leben gehabt. Wenn ich dieses Mal noch heil davonkomme, will ich mich gewiß nicht wieder über solchen Dreck ärgern, sondern alle Tage freuen.‹

Als der Mann sich das vorgenommen hatte, hörte er ein Rascheln, und als er vorsichtig zur Seite schaute, sah er unter einem Strauch den Igel hervorkommen. ›Mach man, daß du wegkommst, Igel‹, dachte der Mann, ›sonst wirst du auch gebissen und mußt sterben.‹

Aber der Igel raschelte ruhig weiter, im Zickzack torkelte er auf die böse Kreuzotter zu, und es sah aus, als sei er gewaltig wütend, so dick hatte er die Kopfhaut gefaltet und so spitz trug er seine Stacheln. Er ging immer näher an die Schlange heran, und die tanzte schon nicht mehr so vor dem Manne, sie hielt den Kopf auf den Igel zugewendet und fauchte ihn wütend an.

Der Igel aber kümmerte sich gar nicht darum, er hatte keine Angst, und als er bei der Schlange war, beroch er sie mit seiner schwarzen, feuchten, spitzen Nase. Schwapp! – hatte sie ihm hineingebissen. ›Armer Igel!‹ dachte der Mann und machte schnell einen großen Satz von der Kreuzotter fort, ›jetzt mußt du sterben.‹ Aber der Igel schüttelte nur den Kopf und fing an, sich gemütlich die gebissene Nase zu lecken. Schwapp! – hafte ihn die Schlange in die Zunge gebissen.

›Oh! Oh! Oh!!!" rief der Mann, der jetzt aus sicherer Ferne zuschaute. "Du armer, vergifteter Igel, du!"

Der Igel zog die Zunge ein, guckte die Schlange dumm an und fing wieder an, sie zu beriechen, als rieche sie so schön wie ein Blumenstrauß.

Schwipp – Schwapp – Schwupp!!! hatte er drei Bisse im Kopf.

"Hin bist du, Igel!" sprach der Mann traurig und wunderte sich bloß, daß der Igel gar nicht tot umfiel. "Weil du mich aber gerettet hast, will ich dich auch schön begraben unter meinem Birnbaum."

Der Igel sperrte das Maul auf, als müßte er gähnen über diese langweilige Schlange, die nichts konnte als zischen und beißen, und – schwuppdiwupp! – hatte er die Kreuzotter im Maul, biß zu, kaute los – und die Schlange mochte ihren Leib drehen und winden, soviel sie wollte, der Igel fraß sie auf, vom Kopf bis zu der Schwanzspitze. Dann legte er sich faul in die Sonne und fing an zu schlafen. Der Mann ging hinzu. Es war ihm ganz egal, daß die Stacheln stachen, er nahm den Igel in seine Hände, trug ihn in das Haus, legte ihn in eine Kiste, die er schön mit Heu gepolstert hatte, setzte ihm Milch in einem Schälchen hin und sprach dabei: "Oh, du getreuer Igel! So oft habe ich dich mit dem Tode bedroht und aus dem Garten gewünscht. Du aber bist immer wiedergekommen und hast mir nun sogar das Leben gerettet. Wenn du am Leben bleibst, sollst du mein liebster Geselle sein, bei mir wohnen dürfen, und die allerbesten Birnen und Gurken sollst du auch haben."

Der Igel aber hörte von der ganzen schönen Rede nichts, denn er schlief. Aber er blieb wirklich am Leben, denn Schlangengift tut den Igeln nichts, und er lebte mit dem Manne im Haus und ging überall mit ihm. Da lernte der Mann, was für nützliche Gesellen die Igel sind, die nicht nur die Schlangen töten, sondern auch Mäuse und Käfer und Raupen und Ohrwürmer.

Da wurde der Igel, den er erst hatte töten wollen, sein liebster Freund. Auch hielt der Mann sein Versprechen: freute sich mehr und ärgerte sich weniger, und hatte so ein gutes Leben. Nur eines tat der Mann nicht: er ließ den Igel nicht mit sich im Bette schlafen. Und das kann man ihm nicht übelnehmen: als Schlafgefährte war der Igel zu stachelig, auch hatte er wie alle Igel viel Flöhe.

Geschichte vom Nuschel-Peter

Es war einmal ein kleiner Junge, der war gar nicht mehr so ganz klein und hieß Peter. Aber im ganzen Dorf nannten sie ihn nur den Nuschel-Peter, weil er niemals ordentlich und deutlich sprach. Sondern er redete, als hätte er immer im Munde eine Riesenkartoffel! Und hundertmal konnten ihm sein Vater und seine Mutter sagen: "Peter, sprich deutlich!" – Peter nuschelte immer weiter, und es war ihm ganz egal, ob ihn die Leute verstanden oder nicht.

An einem Tage hatten nun die Kinder alle schulfrei, weil ihr Lehrer krank war, und Peter wäre gern zum Spielen gegangen. Aber die Mutter sagte zu ihm: "Peter, ich will heute Musklöße machen. Lauf schnell zum Kaufmann Möbius und hole ein Pfund Pflaumenmus." Damit gab sie ihm einen Henkeltopf und ein Fünfzigpfennigstück, und Peter ging los.

Er lief aber gar nicht schnell, und als er zu dem Kreuzweg kam, wo rechts der Weg nach Drewolke und links der Weg nach Gooren abgeht, blieb er ganz stehen. Denn es kam ein Auto langsam dahergefahren, und am Steuer sah ein Mann mit einem roten Bart. Der fuhr noch langsamer, als er den Peter sah, und rief: "Junge, ich bin der Doktor und muß zu einer kranken Frau nach Gooren. Da geht's doch hier lang?" Und der Mann zeigte auf den Weg nach Drewolke.

"Da geht's nach Drewolke!" rief der Nuschel-Peter.

Der Doktor aber verstand ihn wegen seines Nuschelns falsch, rief: "Das sage ich ja!", gab Vollgas und haute ab auf dem Weg nach Drewolke, obgleich er doch nach Gooren wollte. ›Das ist eine schöne Bescherung!‹ dachte der Junge. ›Aber ich bin nicht daran schuld.‹

Damit guckte er dem Auto nach, bis auch der letzte Staub sich gelegt hatte. Dann ging er weiter zum Kaufmann Möbius. Als er fünfzig oder einundfünfzig Schritte gegangen war, begegnete ihm die Frau Gemeindevorsteher, die es eilig hatte. Im Vorbeigehen rief sie: "Peter, ich will zu deinem Vater, ist er zu Haus?"

Peter nuschelte: "Vater ist aus", aber die Frau Gemeindevorsteher verstand: "Vater ist zu Haus", rief: "Schön, dann treffe ich ihn ja", und lief noch schneller.

Nuschel-Peter sah ihr nach. ›Das ist eine schöne Bescherung‹, dachte er. ›Aber ich bin nicht daran schuld.‹

Damit ging er weiter und kam zu einer Scheune, die noch mit Stroh gedeckt war. Auf dem Dach der Scheune saß der Dachdecker und flickte die Löcher mit Stroh aus. Die lange Leiter aber lehnte am Dach. Peter guckte dem Dachdecker eine Weile bei seiner Arbeit zu. Plötzlich sah er, wie aus dem Hof der Bulle herauskam, der sich wohl losgerissen hatte, und grade auf die Leiter zulief. Da schrie Nuschel-Peter: "Paß auf, der Bulle kommt!" Und versteckte sich hinter der Mauer.

"Was?!" rief der Dachdecker. "Der Olle kommt? Den wollte ich grade sprechen!" Und er stieg oben auf die Leiter, indes unten der Bulle dagegenstieß. Die Leiter fiel um, der Dachdecker fiel mit und sauste in großem Bogen in einen Lindenbaum, in dem er kläglich schreiend hängenblieb.

Als Peter das sah, bekam er es mit der Angst und lief fort. Im Laufen aber dachte er: ›Das ist eine schöne Bescherung. Aber ich bin nicht daran schuld.‹

Indem wurde Peter hinter einer Hecke hervor angerufen, und als er hinter die Hecke sah, stand da ein ganz alter Bettler, der sagte: "Junge, hast du nicht ein bißchen zu trinken für mich in deinem Topf?"

Darauf nuschelte Peter: "In dem Topf ist bloß Luft."

Da rief der Bettler wütend: "Ich bin doch kein Schuft!"

"Luft! Luft! Luft! Bloße Luft!" rief Peter ängstlich.

"Schuft! Schuft! Schuft! Hosenschuft!" schrie der Bettler wütend. "Warte, dafür hau ich dich, Junge!"

Da mußte Peter laufen, und der Bettler lief hinterher. Während sie aber liefen, schrie Peter wieder: "Ich habe bloß Luft gesagt!"

Schrie der Bettler: "Sollst aber nicht Schuft sagen!" und lief schneller.

Fiel der Peter über einen Stein, schrie: "Aua!"

Rief der Bettler: "Ja, Haue gibt's!"

War der Topf kaputtgefallen.

Der Peter schrie, der kranke Lehrer sah aus dem Schulfenster und rief: "Wollen Sie mal den Jungen nicht hauen!" Da lief der Bettler weg vor Angst.

"Peter, komm mal her!" befahl der Lehrer.

Peter kam heulend ans Fenster, hatte den Topfhenkel, aber ohne Topf, in der Hand und in der andern Hand seinen Fünfziger. "Hast du den Topf zerbrochen?" fragte der Lehrer.

"Für Pflaumenmus!" heulte Peter.

"Was ist mit deinem Fuß?" fragte der Lehrer. "Zeig mir den Fuß mal!"

"Pflaumenmus!" heulte Peter lauter.

"Ja, ja. Nun zeig doch den Fuß" sagte der Lehrer ärgerlich.

"Pflaumenmus!!!" schrie der Peter ganz laut.

"Wenn du jetzt deinen Fuß nicht sofort zeigst", sprach der Lehrer ernst, "gibt's ein paar hinter die Ohren, Peter!"

So mußte Peter den Fuß zeigen, obgleich er gar nichts daran hatte. "Na, das sieht nicht so schlimm aus", sagte der Lehrer und sah sich den Fuß an. Peter ging nämlich barfuß. "Geh langsam und achte auf den Weg, dann geht dir auch kein Topf kaputt."

"Jawohl, Herr Lehrer!" sagte Peter artig.

Der Lehrer aber rief ärgerlich: "Du sollst doch nicht so nuscheln, Peter. Das klang eben gerade so, als hättest du zu mir ›Alles Kohl‹ gesagt."

Damit schlug der Lehrer das Fenster zu, und Peter ging weiter, dachte aber dabei: ›Der Topf ist kaputt, aber ich bin nicht daran schuld.‹

Endlich kam Peter doch zum Laden des Herrn Möbius, der aber nicht da war. Sondern seine alte Mutter, die schon ein wenig taub auf beiden Ohren war, saß im Ladenfenster, damit sie auch sehen konnte, wer auf der Dorfstraße vorüberging, und strickte einen Strumpf. Peter, der wußte, wie schlecht die alte Frau hörte, dachte: ›Hier muß ich es gut machen, sonst gibt es keine Musklöße‹, und schrie, so laut er konnte: "Tag, Frau Möbius, ich möcht für 'nen Fünfziger Pflaumenmus!"

Gott! fuhr die alte Frau in die Höhe! Sie hatte die Ladenklingel gar nicht gehört! "Was für 'nen Schuß? Wo fiel der Schuß?" rief sie zitternd.

"Für fünfzig Pfennige Pflaumenmus!" schrie Nuschel-Peter noch lauter.

"Wie –?" fragte die alte Frau und hielt die Hand an die Ohren.

"Pflaumenmus!" brüllte Peter und zeigte ihr das Geldstück.

"Was will er bloß –?" murmelte die alte Frau. "Ich versteh immer Frau mit 'nem Kuß."

"Pflaumenmus!" brüllte Peter und schrie so, daß die Scheibe klirrte und ihm der Hals wehtat.

Die alte Frau schüttelte verzagt den Kopf. "Jungchen", sagte sie, "laut schreist du wohl, aber du hast so 'ne nuschlige Aussprache. Weißt du was, geh hinter den Ladentisch und such dir selber aus, was du haben willst. Ich will schon aufpassen, daß es nicht zuviel wird."

Damit nahm sie ihm die fünfzig Pfennig aus der Hand und machte ihm die Klappe in dem Ladentisch auf, daß er durchschlüpfen konnte.

Da stand der Peter nun wie ein kleiner Kaufmann, und was er sich manchmal im Einschlafen gewünscht hatte, nämlich einen großen richtigen Laden mit allem drin, was er gerne mochte, das hatte er nun. Da waren viele, viele Schubladen mit kleinen Schildern daran, und so viel konnte er schon lesen, daß er verstand, was in den Schubladen war. Wo Salz und Mehl dranstand, da sah er gleich wieder weg, aber wo Zucker und Mandeln und Rosinen und Erdnüsse dranstand, da sah er immer länger hin, und sein Herz fing immer schneller zu klopfen an.

Unter den Schubladen aber standen auf der Erde noch Steintöpfe und Tönnchen, auf denen war zu lesen: Saure Gurken, Schmalz, Sirup, Marmelade und Pflaumenmus. Schnell sah Peter wieder weg und – richtig – da stand das, was er schon lange gesucht hatte: zwei schöne, blanke Gläser voller Bonbons.

Der Peter hatte noch immer den Henkel vom Steintopf in der Hand und hielt ihn auch weiter fest, aber dabei starrte er auf die beiden Gläser mit Bonbons, daß ihm die Augen übergingen, und dachte: ›Ach je, wie schön wäre es doch, wenn ich statt des ollen Pflaumenmuses für ganze fünfzig Pfennig Bonbons kaufen könnte! Da würde ich mich doch einmal richtig satt an ihnen essen und brauchte zum Mittag gar keine Musklöße!‹

Grade als der Peter so schlimme Gedanken bei sich hatte, sagte die alte Frau Möbius ungeduldig: "Na, Jungchen, hast du denn noch immer nicht gefunden, was du holen willst?"

Da sagte Peter laut: "Pflaumenmus!" Mit dem Finger aber zeigte er auf die beiden Bonbongläser, und bei sich dachte er: ›So habe ich doch nicht gelogen. Ich habe Pflaumenmus verlangt, und wenn mir die Frau Möbius dann Bonbons gibt, bin ich nicht schuld daran.‹

Die alte Frau aber sagte: "Ach, Bonbons willst du. Das klingt ja so komisch bei dir, ich glaube, du bist ein rechter Nuschel-Peter." Und damit tat sie in die eine Tüte Eisbonbons und in die andere Tüte saure Drops, gab die Tüten dem Jungen und sprach: "Auf Wiedersehen, Jungchen. Verdirb dir bloß den Magen nicht."

Peter aber steckte die eine Tüte in die eine Tasche, die andere Tüte in die andere Tasche, sagte laut: "Auf Wiedersehen" und ging los. Ganz wohl war ihm schon jetzt nicht, und was die Mutter sagen würde, konnte er sich schon denken, und was der Vater tun würde, fühlte er beinahe schon auf seinem verlängerten Rücken. Aber ganz trotzig dachte er: ›Ich habe ja nicht gelogen, und wenn sie mir statt Pflaumenmus Bonbons gibt: ich bin nicht schuld daran!‹

Darüber war er sich aber gleich klar: die Bonbons würde er alle aufessen müssen, ehe er nach Haus kam, sonst würde seine Mutter sie ihm fortnehmen, und er bekäme dann jeden Tag höchstens einen oder zwei. Er ging also ganz schnell die Dorfstraße entlang, und als er am Schulhaus vorbeikam, lief er, so rasch er konnte, damit ihn bloß der Lehrer nicht ansprach.

Dann aber kam der schöne, ruhige Weg am Kirchhof entlang und – schwupp! – war Peter mit einem Satz über die niedrige Kirchhofsmauer und drückte sich in die Büsche, die dort reichlich wuchsen. Auf einen uralten Grabstein setzte er sich, zog aus der einen Tasche die Drops, aus der andern die Eisbonbons, steckte dafür den Topfhenkel ein und fing an, sehr zufrieden die Bonbons einzeln in langen Reihen auf den Grabstein zu legen, denn er wollte sie erst einmal zählen. Grade hatte er bis hundertsechsundfünfzig gezählt und freute sich, daß er so unglaublich viel Bonbons essen konnte, da raschelte es in den Büschen, und angstvoll fuhr Peter hoch, denn ein schlechtes Gewissen hatte er doch trotz aller Freude.

Aus den Büschen kam aber nur Alfred Thode, der größte und stärkste Junge in der Schule. "Du hast aber mächtig viel Bonbons, Peter", sagte der starke Alfred.

"Es sind aber gar nicht meine", antwortete der Peter voller Angst, denn er fürchtete, der Alfred würde sie ihm wegnehmen.

"Oller Nuschel-Peter, daß es keine Steine sind, seh ich auch", lachte Alfred. "Laß mich mal probieren."

"Nein, nein!" schrie Peter. "Ich geb keine ab! Ich kriege schon zu Hause fürchterliche Prügel dafür, da will ich sie auch alleine aufessen!"

"Das glaube ich, die sind fein zu essen!" lachte der starke Alfred, schob eine ganze Handvoll Bonbons zusammen und steckte sie auf einmal in den Mund. "Schmeckt großartig, Peter, willst du auch einen?" Und er hielt ihm einen einzigen hin.

Das aber war zuviel für Peter. Brüllend rief er: "Hilfe! Hilfe! Diebe!"

"Wer schreit denn hier so jämmerlich um Hilfe?" klang's vom Kirchhof her. Der starke Alfred kriegte einen Schreck, Peter hörte mit Brüllen auf, durch die Zweige sah ein Gesicht – und der Dachdecker, der vorhin von der Leiter geflogen war, war's. Kaum aber hatte er Peter erkannt, da schrie er: "Du bist doch der infame Bengel, der mich auf die Leiter gerufen hat, grade als der Bulle kam? Warte, jetzt verhau ich dich!"

Damit stürzte er sich auf Peter, Peter aber mußte losrennen und weglaufen, immer von seinen schönen Bonbons fort, die der starke Alfred alle miteinander aufaß! Der Dachdecker, der von seinem Fall noch ein bißchen lahm war, rannte, so schnell er konnte, hinter Peter her und schrie dabei: "Warte, Bengel, nimm deine Haue mit! Warte doch, ich habe die Haue schon hier!"

Dieses Geschrei hörte der Bettler, sah den Peter laufen, erkannte in ihm den, der ihn "Schuft" genannt haben sollte, lief auch hinterher und sammelte dabei fix Steine auf, die er beim Laufen dem Peter in den Rücken warf, daß er immer lauter schrie und stets schneller lief.

Der Weg vom Kirchhof geht bergab, Peter sauste so schnell wie eine Kanonenkugel. Unten kommt die Frau Gemeindevorsteher um eine Hausecke – Peter kann nicht mehr bremsen und saust ihr an den Bauch. Die gute, ein bißchen dicke Frau fällt auf den Rücken und streckt die Beine in die Höhe, Peter fällt über sie.

Gerne möchte er sich auf dieser weichen Unterlage ein bißchen ausruhen, doch schon nahen Bettler und Dachdecker: er muß weiterrennen. Jetzt läuft als dritte auch die Frau Gemeindevorsteher hinter ihm – Peters Zunge hängt ihm schon bis ans Kinn, er kann keine Luft mehr kriegen. Aber schon sieht er seiner Mutter Haus. ›Nur zur Mutter!‹ denkt er ... da kommt in einer Staubwolke das Automobil mit dem Doktor gefahren. "I du elender Bengel, schickst mich nach Drewolke, wenn ich nach Gooren will! Warte, dich krieg ich!"

Nun muß Peter gar noch schneller laufen als das Automobil, es war nur gut, daß das Haus schon nahe war – sonst hätten sie ihn doch noch gekriegt.

In der Haustür steht Peters Mutter, auf sie stürzt der Peter zu: "Mutter, hilf mir, die wollen mich alle verhauen!"

"Ja, ich will dir helfen!" ruft die Mutter zornig. "Läßt mich zwei Stunden auf das Pflaumenmus warten!" Batsch! hatte er eine Ohrfeige weg. "Wo ist das Mus –?!"

"Pott kaputt!" schreit Peter und zieht den Henkel aus der Tasche.

"Mein schöner Steinpott kaputt!" ruft die Mutter – bumm! erntet Peter eine Kopfnuß. "Für fünfzig Pfennige kein Pflaumenmus!" – zuck! klebt sie ihm eine Knallschote.

"Recht so!" schreit der Doktor. "Mich hat er nach Drewolke statt nach Gooren geschickt – darf ich auch mal?"

"Immer zu!" sagt die Mutter. "Sicher hat er wieder genuschelt."

"Egal!" sagt der Doktor. "Da hast du von mir einen Backenstreich!"

"Mich hat er Schuft genannt!" schreit der Bettler.

"Mich von der Leiter geschmissen!" schimpft der Dachdecker.

"Mich hat er angelogen, sein Vater sei zu Haus, und dann hat er mich noch vor den Bauch gebufft!" ruft die Frau Gemeindevorsteher.

"Peter!" sagt der Vater, der eben aus dem Dorfe nach Haus kommt. "Frau Kaufmann Möbius hat mir eben erzählt, du hast für fünfzig Pfennige Bonbons gekauft – wo hast du denn das Geld her?"

Ach, da hätte der Peter am liebsten ein Mäuslein sein mögen und ein Löchlein haben in der Erde, um sich zu verkriechen! Aber daraus wurde nichts, sondern der Vater nahm den Sohn am Arm, ging mit ihm abseits, und was es da gab, das kann man sich wohl denken. An diesem Tage konnte der Peter auf seinem Po weder sitzen noch liegen, und im Bett mußte er auch auf dem Bauch schlafen: das Ende von seinem Rücken tat ihm weh.

Und doch war trotz aller schlechten Erfahrungen und aller Prügel der Nuschel-Peter noch immer nicht ganz vom Nuscheln und Lügen geheilt.

Denn am nächsten Tage ging er in der großen Pause zum starken Alfred Thode und sagte ganz frech: "Gib mir meine Bonbons wieder!"
Da sah ihn der starke Alfred mit ganz schrecklichen Augen an und fragte: "Wie viele Bonbons waren es denn?"

"Hundertsechsundfünfzig", sagte Nuschel-Peter und dachte, er kriegte Bonbons. "Weißt du was?" schrie der starke Alfred. "Ich habe all deine hundertsechsundfünfzig Bonbons aufgefuttert, und davon ist mir so schlecht geworden, daß ich die ganze Nacht habe laufen müssen. Darum will ich dir jetzt für jeden von diesen elenden Bonbons eine Ohrfeige geben ..." Und batsch! ging es los: "Eins, zwei, drei, vier ..."

"Ich will keine mehr!" schrie kläglich der Nuschel-Peter.

"Noch 'ne feine mehr!" verstand der starke Alfred. "Fünf, sechs, sieben, acht ..." Da sagte der Nuschel-Peter ganz laut und klar: "Bitte, keine mehr!" und da verstand ihn der starke Alfred und ließ ihn laufen. Und von diesem Tage an hat der Nuschel-Peter nicht mehr genuschelt.

Geschichte vom Brüderchen

Es war einmal ein kleines Schulmädchen, das hieß Christa, und es war ganz allein, und hätte doch gar zu gerne ein Brüderchen gehabt. Alle Tage ging es zu seiner Mutter und bettelte: "Ach, Musch, kriegen wir nicht heute ein Brüderchen?"

Aber die Mutter hatte jeden Tag eine andere Ausrede. Einmal sagte sie: "Aber, Christel, du siehst doch, ich habe heute Waschtag – wie hätte ich da Zeit für ein Brüderchen?!" Und das nächste Mal: "Du siehst doch, es friert heute draußen, daß sogar die Hunde den Schwanz zwischen die Beine klemmen – da würde doch solch kleines Brüderchen sich völlig verkühlen!" Und das dritte Mal: "Vorhin habe ich gesehen, deine Püppings liegen in ihrem Wagen wie Kraut und Rüben. Wenn du nicht einmal die besorgen kannst, wie willst du da auf ein lebendiges Brüderchen aufpassen, Christel?"

Aus diesen Antworten merkte das Mädchen, die Mutter wollte kein Brüderchen. Da ging Christa in den Garten, setzte sich in ihre Schaukel und schaukelte sich. Sie dachte: ›Beim Schaukeln ist mir noch immer etwas Gutes eingefallen. Vielleicht fällt mir heute ein, wie ich ein Brüderchen bekomme.‹ – Und sie schaukelte sich tüchtig, bis in die Zweige vom Kirschbaum hinein.

Während sie aber so schaukelte, knarrte oben der Balken, an dem die Schaukel hing, und das klang wie "Kraax", und die Ringe knirschten in den eisernen Schrauben, und das klang wie "Piep" – und so ging es immer weiter, während Christa schaukelte: "Kraax-Piep, Kraax-Piep, Kraax-Piep!"

Als Christa nun eine Weile darauf gehorcht hatte, war es ihr plötzlich, als spreche die Schaukel zu ihr. Und schon sagte sie nicht mehr "Kraax-Piep", sondern "Frag Piep! Frag Piep!" Nun hatte Christa wohl schon von andern Kindern gehört, der Storch bringe die ganz Kleinen ihren Müttern, aber sie hatte nicht recht daran glauben wollen. Als aber die Schaukel immer wieder sagte: "Frag Piep!" – und der Storch ist ja auch ein Pieper, wenn auch ein sehr großer –, da dachte Christa: ›Ich kann es ja mal versuchen und ihn fragen. Nützt es nichts, so schadet es nichts.‹ Und sie stieg aus der Schaukel und ging zu der großen, nassen Wiese, wo der Storch meistens war.

Richtig ging er dort, langsam Bein vor Bein setzend, spazieren, und von Zeit zu Zeit steckte er seinen spitzen Schnabel ins Gras und hob ihn nie ohne einen zappelnden Frosch, den er dann behaglich verschlang. War aber der Frosch besonders groß, oder war es gar eine fette Kröte, so flatterte er vor Freude kurz mit den Flügeln und klapperte heftig dazu – das klang so hölzern!

Christa sah dem Storch eine ganze Weile zu, und es gefiel ihr gar nicht sehr, daß er so die braven Fliegenfänger, die Frösche, auffraß und dazu auch noch vergnügt klapperte, was ganz klang, als lache jemand "Hä! Hä!"

Weil sie doch aber gar so gerne ein Brüderchen haben wollte, faßte sie sich ein Herz, ging an den Storch heran und sagte den alten Vers her: "Storch, Storch, guter – bring mir einen kleinen Bruder ...!"

Der Storch hob eines von seinen rotlackierten Beinen hoch, sah das kleine Mädchen glupsch von der Seite an, als überlege er sich seine Antwort – und plötzlich klapperte er so laut und heftig los, daß Christa vor Schreck einen Satz hinter sich tat.

Es war wirklich, als lachte sie der Storch mit vielen "Hä-Hä-Hä's" aus, und als sie genau hinhörte, war es ihr, als ob auch die kleinen Vögel in den Weidenzweigen, die Lerchen in der Luft und ein Volk Krähen, das gerade über sie fortzog, in das höhnische Lachen des Storches mit einstimmten.

Da bekam sie vor Scham puterrote Backen, und sie fing an zu laufen, schneller, schneller, immer schneller, und sie hörte nicht eher auf zu laufen, bis sie auf dem Acker anlangte, den der Vater mit der Liese und dem Hans pflügte. Der Vater sah sein kleines Mädchen an und fragte: "Nun, Christa, wovon hast du denn so rote Backen?"

Da erzählte ihm Christa ihr Erlebnis mit dem Storch und all den Vögeln, die sie ausgelacht hatten.

Der Vater sagte darauf: "Da hättest du freilich nicht zum Storch gehen müssen. Daß der die Kindlein bringt, erzählen die Leute nur so – aber hast du wohl schon mal die Mutter um ein Brüderchen gefragt?"

"Ja", sagte Christa, aber die Mutter habe immer eine Ausrede, mal, daß sie zuviel zu tun habe, mal, daß die Christa nicht artig genug sei.

"Das ist schlimm", sagte der Vater, "denn wenn die Mutter nicht will, wird es mit dem Brüderchen wohl nichts werden. Aber mir fällt etwas ein, Christa. Wir haben doch jetzt den August, und da fallen viele Sterne vom Himmel auf die Erde. Und jeder solch leuchtender Stern ist eine kleine Kinderseele. Da stelle du dich nur heute abend ans Fenster, und siehst du einen Stern fallen, so wünsche im stillen, so stark du nur kannst: Komm zu uns, Brüderchen! Wenn du das nur stark genug tust und mit keinem Menschen davon sprichst, werden wir schon ein Brüderchen bekommen. Gefällt dir das, Christa?"

"Ja, Vater", sagte Christa nachdenklich. "Aber die Sterne sieht man doch nur fallen, wenn es dunkel ist. Dann aber muß ich doch im Bett liegen und schlafen."

"Nun", sagte der Vater, "dies eine Mal können wir wohl eine Ausnahme machen. Das werde ich schon vor der Mutter vertreten. Nun aber muß ich noch eine Weile pflügen. Du kannst hinter mir in der Furche gehen, und wenn du einen Engerling siehst, so trittst du ihn tot."

"Ja", sagte Christa, und nun pflügte der Vater noch ein Weilchen. Christa aber trat fünf Engerlinge tot und dachte nach. Als der Vater nun die Liese und den Hans ausgespannt hatte, um mit ihnen heimzugehen, setzte er Christa auf die Liese, denn Christa ritt gerne. Da fragte Christa den Vater: "Wohin fällt denn der helle Stern, den ich sehen werde, Vater? Fällt er einfach so auf den Hof? Oder fällt er in meine kleine Kinderkrippe, die noch auf dem Boden steht? Oder auf den Strohfeimen? Oder wohin?"

"Nichts von alledem, Christa", antwortete der Vater. "Sondern er fällt deiner Mutter direkt ins Herz. Sieh, es ist ja nur ein kleiner, heller Himmelsfunke, der bei uns hier auf der Erde nicht leben könnte. Jeder Wind würde ihn auswehen, und jeder Regen müßte ihn verlöschen. Aber in deiner Mutter Herz bleibt er warm und behütet. Sie gibt ihm von ihrem Blut, und sie nährt ihn von ihrem Fleisch, und davon wächst ein Menschenleib um ihn herum, in vielen Tagen und Wochen und Monaten, solch ein ganz kleiner Kinderleib, wie du ihn schon gesehen hast. Aber mittendrin sitzt und leuchtet und funkelt der kleine Himmelsstern – du trägst auch solchen Himmelsstern in dir, Christa!"

"Ja", sagte Christa, und als sie nun auf dem Hof angelangt waren, und der Vater sie von der Liese gehoben hatte, ging sie um die Scheunenecke und sah lange zum Himmel empor, denn sie hätte gerne gleich die Sterne, ihre Brüder und Schwestern, gesehen. Dafür war es aber noch zu früh, die Sonne stand am Himmel und erhellte ihn. Am hellen Himmel aber kann man die Sterne nicht sehen, erst wenn es dunkel wird, treten sie, die immer da sind, mit ihrem matteren Schein hervor.

In der Nacht war es Christa in ihrem Schlaf, als riefe eine Stimme wie die Stimme ihres Vaters sie an: "Steh auf, Christa, und schau zu den Sternen!" Sie wachte auf und trat an ihr Fenster, zog den Vorhang zurück – und da war über dem schwarzen Scheunendach auf der andern Seite des Hofes der ganze Himmel besteckt mit den Lämpchen vieler tausend Sterne, kleinerer und größerer, heller und nur matt leuchtender. Quer hindurch aber zog sich ein sanft leuchtendes, breites, weißes Band wie eine helle Straße durch den ganzen Himmel.

Und plötzlich, als Christa auf dies helle, strahlende Band schaute, löste sich ein Funke daraus, stürzte, immer heller leuchtend durch den Himmel, und schon verschwand er hinter dem schwarzen, hohen Scheunendach. "Aha!" hatte Christa gerufen, und vor allem schönen Schauen und Staunen ganz das Wünschen vergessen. Und nun, ehe sie noch tief Atem geholt hatte, lief wiederum ein weiß leuchtender Stern durch den Himmel, und noch einer – und wieder einer ... Und so fiel Stern um Stern, und Christa rief "Ah!" und "Oh!" und "Ach!" und staunte und freute sich. Aber es ging immer viel zu rasch, und zum Wünschen kam sie kein einziges Mal.

Da rief sie: "Oh, das ist schwer!", und nun, weil sie das Brüderchen doch so gerne haben wollte, nahm sie sich fest vor, nur daran zu denken. Und sie machte die Augen zu, damit sie eine Weile nichts sah. Als sie sie aber wieder öffnete, sah sie gerade auf einen helleren Fleck des weißen Sternenweges, und gerade als sie ihn beschaute, lösten sich zwei helle Sterne daraus und liefen nebeneinander, und nun fiel ihre Bahn zusammen, und mit größerer Helle liefen sie weiter, als sei es nur einer.

Da dachte Christa bei sich: "Es ist schön, daß es so ist. Der Vater mußte doch auch dabei sein." Denn sie meinte, der zweite Stern sei der Vater gewesen, der dem Brüderchen den Weg zeigte. Und während sie dies alles dachte, wünschte sie doch zu gleicher Zeit: "Brüderchen, komm zu uns!"

Diesmal war der Wunsch zur rechten Zeit getan, denn der Sternzwilling verlosch nicht eher, bis sie ihren Wunsch zu Ende getan hatte. Da ging Christa, freudig aufatmend, ins Bett, und sie war froh, daß jetzt das Brüderchen in der Mutter Leib wohnte, und in dieser Freude schlief sie ein.

Als sie aber eine Zeitlang geschlafen hatte, träumte ihr, sie sei von einem sanften Licht aufgewacht, und im Traum setzte sie sich im Bett auf und sah in die dunkle Stube. Zuerst sah sie nur Dunkel, als sie aber genauer hinschaute, merkte sie auf dem Tisch einen kleinen hellen Schein wie von einem sanften Licht ohne Feuer, in der Form wie eine Kerzenflamme. Und in der Mitte dieses Lichtscheins, der vielleicht so hoch war wie eine Hand, war ein noch helleres Leuchten. Und als sie ganz genau hinsah, hatte dies Leuchten die Gestalt eines kleinen Kindes, so lang wie ein Finger. Christa sah in ihrem Bett und starrte atemlos auf das Kind aus Licht.

Da sagte das fremde, fingerkleine Kind: "Siehst du mich nun, Schwester?"

Sagte die träumende Christa: "Ich sehe dich, Brüderchen."

Fragte das Lichtkind: "Warum hast du mich denn aus dem schönen Sternenhimmel weggewünscht, Schwester? Wir Sterne spielten so schön miteinander, und ich lief gerade mit einem andern Sternlein um die Wette durch den ganzen Himmel, daß die Funken stoben – da hast du mich fortgewünscht auf die kalte, dunkle Erde."

Antwortete die Christa: "Aber ich wollte doch so gerne ein Brüderchen haben!"

Klagte der kleine Stern: "Aber ich bin nicht gerne hier in eurer engen Welt. Schon jetzt sehne ich mich nach dem weiten, funkelnden Himmel. Es ist dunkel hier bei euch, sieh einmal, jetzt soll ich auch dunkel werden. Mein Licht wird schon immer schwächer."

Und wirklich, als Christa genauer hinsah, war der Schein um das Sternenkind schon ganz matt, und auch der Leib des Kindes leuchtete nicht mehr so wie vorher.

Da tröstete Christa das Kind und sprach: "Du brauchst ja auch nicht mehr zu leuchten, Brüderchen. Jetzt wirst du in unserer Mutter Leib wohnen und von ihrem Blute warm werden. Nachher aber haben wir die schöne, warme Sonne undden Lichtschein des Feuers im Herd und den guten, bleichen Mond und die Sterne und viele, viele Lampen. Wir haben immer Licht, wenn wir es wollen, daran soll es dir nicht fehlen, Brüderchen, und zu Weihnachten haben wir noch den Tannenbaum."

Das Brüderchen dachte eine Weile nach über das, was Christa gesagt hatte. Aber es war noch immer nicht zufrieden, sondern es klagte weiter: "Ja, wenn es nun auch mit dem Licht besser bei euch Menschen bestellt ist, als ich dachte, Schwester – wie ist es denn aber mit dem Spielen? Wo sind denn hier auf der Erde die tausend fröhlichen Funkelbolde, die mit mir im Himmel waren, und mit denen ich um die Wette zwinkern und glimmen konnte? Wo ist denn in euern engen Stuben Raum, wie ich ihn hatte, durch den ganzen Himmel zu sausen, immer und immer weiter, um die Wette und allein, ganz wie ich es wollte?"

Da wurde die träumende Christa in ihrem Bette ganz eifrig, und sie rief: "Ach, Brüderchen, du hast ja gar keine Ahnung, wie schön wir Kinder hier auf Erden spielen können! Wohl hast du dort oben den ganzen blanken Himmel gehabt, aber er ist doch ganz leer, bis auf euch Sterne. Wir Kinder aber haben eine Erde, ganz voll von Dingen, mit denen wir spielen können. Aus jedem Strohhalm können wir Seifenblasen wehen lassen oder Windrädchen daraus machen oder aber Ketten; hinter jedem Baum und Busch können wir uns verstecken; von jeder Stufe springen; mit Wasser und Sand backen und bauen; und so noch viele tausend Dinge. Wenn du aber sausen willst, schneller noch als die Sterne durch den Himmel, so warte nur auf den Winter, Brüderchen! Hinter dem Dorf ist ein Berg, und wenn du mit deinem Schlitten hinuntersaust, so bist du schneller als der Wind und meinst, du flögest durch alle Himmel!"

Als dies das Brüderchen gehört hatte, war es schon halb versöhnt und sagte: "Nun, Schwester, das klingt ja alles ganz gut, und beinahe möchte ich dir verzeihen, daß du mich vom Himmel auf die Erde herabgewünscht hast. Aber ganz zufrieden bin ich doch noch nicht. Sieh einmal, wie matt mein Licht geworden ist, seit wir hier miteinander reden, Schwester. Gleich wird es ganz ausgegangen sein. Und unser Schönstes war doch im Himmel, dieses Licht immer recht rein und glänzend zu erhalten. Immerfort rieben und putzten wir an uns herum – und nun soll ich hier als ein ganz lichtloses, graues Wesen umherlaufen und mir all meinen Schein von anderen borgen? Nein, Schwester, das kann mich nie freuen, und so war es doch nicht recht von dir, und ich will gar nicht gerne bei euch bleiben!

Da sah Christa ganz erstaunt in ihrem Bett und rief: "Aber, Brüderchen, zwar haben wir Menschen kein Licht – aber weißt du denn nicht, daß wir ein Herz im Leibe haben?!"

"Du hast schon einmal davon gesprochen", sprach der kleine Stern ganz mürrisch. "Aber ich habe dich nicht verstanden. Was ist denn das, ein Herz? So etwas kennen wir Sterne nicht, und ich habe es auch nicht einmal gesehen, sooft ich auch auf die Erde hinabgeschaut habe."

"Ein Herz", rief Christa ganz eifrig, "ist ein Ding, das wir in der Brust tragen, und es klopft immerzu, Tag wie Nacht, ob wir wachen oder schlafen, es ist immer bei uns. Und wenn wir uns über etwas freuen oder etwas Gutes getan haben, so fängt es ganz stark an zu klopfen und wird immer größer, und dann meine ich, ich kann mich vor Glück nicht lassen, und muß immerzu tanzen und singen und springen ... Und dann wird die Welt immer größer, und der Himmel wird heller, und die Vögel singen lauter, und immer stärker und voller klopft das Herz, und ich weiß vor Glück nicht mehr aus noch ein ..."

"Das muß ein seltsam Ding sein, solch Herz", sprach das immer blassere Brüderchen. "Das möchte ich wohl kennenlernen. Erzähle mir mehr vom Herzen, Schwester."

"Ja", sagte Christa, und ihre Stimme wurde leiser, "und wenn ich etwas Schlechtes getan habe, so klopft es auch. Aber ganz anders. Es ist, als wollte es immer stillestehen, und es sticht, und es pocht und mahnt, und es ruht nicht eher, als bis ich das Schlechte wiedergutgemacht habe und wieder fröhlich bin."

"Schwester", sprach der kleine Stern aus dem Himmel, "nun geht mein Licht aus. Aber es tut mir nicht mehr leid; denn seit ich das gehört habe, was du vom Herzen erzählt hast, habe ich nur den Wunsch, auch ein Herz zu haben. Wenn ich nun geboren werde, bin ich ja ganz klein und werde alles vergessen haben. Willst du daran denken und für mich sorgen, daß mein Herz immer freudig schlägt, wie du es erzählt hast, und nie böse sticht –?"

Das versprach Christa, und als sie das getan hatte, flackerte das Sternlein noch einmal hell auf und erlosch dann. Christa aber schlief weiter, und als sie am nächsten Morgen erwachte, wußte sie nur noch, daß sie zwei Sterne hatte fallen sehen und sich zur rechten Zeit ein Brüderchen gewünscht hatte. Danach war ihr aber noch, als sei das Brüderchen im Traum wie eine kleine Flamme bei ihr gewesen, und sie habe ihm auch etwas versprochen, was aber, das wußte sie nicht mehr.

Nun gingen viele Tage in das Land, und Christa spielte, ging in die Schule, half der Mutter, ritt auf der Liese und dachte auch manchmal an das Brüderchen, ob es nun wohl bald da sein werde. Eines Morgens aber rief der Vater Christa in das elterliche Schlafzimmer, und da stand die alte Krippe vom Boden, und in ihr lag das Brüderchen. Da freute sich Christa sehr, und die ersten Tage konnte sie sich gar nicht genug damit tun, um das Brüderchen herum zu sein und es zu versorgen.

Aber Christa war schon groß, und das Brüderchen war klein und lag immer in der Krippe, und auch als es laufen lernte, war es eine rechte Last, weil es immer hinfiel und dann schrie. Und es konnte nicht ordentlich sprechen und zerriß die Bilderbücher, weil es noch dumm war. Da sagte Christa oft: "Olles, dummes Brüderchen!" und lief hinaus zu den andern, großen Kindern, mit denen zu spielen. Wenn aber die Mutter sagte: "Christel, ich muß waschen, spiel ein bißchen mit Brüderchen", so zog Christa ein Gesicht. Und sagte die Mutter wieder: "Du hast dir doch selber ein Brüderchen gewünscht, Christel!", antwortete sie: "Nicht so eins!"

Nun verging wieder einige Zeit, da wurde das Brüderchen krank. Zuerst achtete Christa nicht sehr darauf, als aber der Vater und die Mutter mit immer traurigeren Gesichtern umhergingen, und das Brüderchen ganz rot und mit geschlossenen Augen im Bett lag, da wurde ihr auch angst. Still stand sie in einer Ecke des Zimmers und sah zu dem Bettchen hinüber, in dem Brüderchen lag. Die Mutter wollte dem Brüderchen einen Umschlag machen, Christa hielt das Tuch, die Mutter streifte das Hemd ab, und als sie die hastig atmende Brust sah, legte sie die Hand darauf und sagte traurig: "Wie das klopft! Ach, wie es klopft!" Da legte auch Christa ihre Hand auf des Brüderchens Brust, und sie fühlte das Herz des Brüderchens klopfen unter ihrer Hand, hastig und angstvoll, immerzu. Und es war ihr, als riefe das Herz immerzu: "Laßt mich heraus! Ich will fort! Laßt mich heim!"

Da fiel der Christa plötzlich ein, was sie der kleinen Sternenflamme in der Nacht versprochen hatte, daß sie nämlich immer dafür hätte sorgen wollen, daß des Brüderchens Herz froh und glücklich klopfte. Und es fiel ihr ein, wie häßlich sie immer zu Brüderchen gewesen war, und daß sie nichts für seine Freude getan hatte. Da befielen die Christa großer Kummer und Sorge, denn sie verstand, daß es dem Brüderchen nicht auf der Erde gefiel, und daß es wieder zurückwollte zu den Funkelsternen, die kein Herz haben. Und Christa überlegte, was sie wohl tun könne, um das Herz des Brüderchens schnell froh schlagen zu machen, und sie lief hin und holte ihr schönstes Bilderbuch, das sie dem Brüderchen bisher nie hatte geben wollen. Sie legte das Buch auf das Bettchen und sprach: "Da, Brüderchen, das schenke ich dir. Du darfst es auch zerreißen." Da lächelte das Brüderchen.

Von dieser Stunde an ging es dem Brüderchen besser, und bald war es ganz gesund. Nun wurden Christa und Brüderchen die besten Spielgefährten, und immer lachte das Brüderchen, wenn es Christa sah, und es hat nie wieder heim gewollt zu den Sternen, sondern es hat ihm wohl gefallen auf dieser Erde. Und du und ich, mein Kind, wir haben genau solche Herzen wie Brüderchen und Christa, die sich freuen wollen. Und wenn wir einander froh machen, so gefällt es uns gut auf dieser schönen Erde, machen wir einander aber Kummer, so wollen wir hier nicht mehr weilen, und alles wird dunkel für uns, und der kleine Sternenfunke in uns mag nicht mehr brennen – daran denke immer, mein Kind.

Geschichte vom goldenen Taler

Es war einmal ein kleines Mädchen, das hieß Anna Barbara und hatte weder Vater noch Mutter, die waren beide schon lange tot. Sondern sie wuchs bei einer steinalten Großmutter auf, die war vor lauter Alter schon ganz wunderlich. Und immer, wenn die Anna Barbara der Großmutter etwas erzählte, oder sie um etwas bat, oder ihr etwas klagte, dann sagte die alte Frau nur: "Ja, Kind, wenn wir bloß den goldenen Taler hätten, da wäre alles gleich in Ordnung. Aber wir haben ihn nicht, und bringen tut uns auch keiner den goldenen Taler, so müssen wir es eben tragen, wie es ist."

Und ganz gleich, was die Anna Barbara auch vorbrachte: "Großmutter, ich hab mir ein Loch ins Knie gefallen", oder: "Großmutter, der Lehrer hat gesagt, ich hätt gut gelesen", oder: "Großmutter, die Katz ist am Sahnentopf" – die alte Frau antwortete immer nur:

"Ja, Kind, wenn wir bloß den goldenen Taler hätten!"

Wenn Anna Barbara aber die Großmutter drängte und fragte, was denn das für ein goldener Taler sei, und ob man ihn denn gar nicht kriegen könne, schüttelte die alte Frau geheimnisvoll mit dem Kopf und sagte: "Ja, Kind, wenn wir ihn so einfach kriegen könnten, so hätten wir ihn schon! Ich bin all mein Lebtage nach ihm gelaufen und habe ihn nicht einmal zu sehen gekriegt, und deiner Mutter ist es auch nicht anders ergangen. Möglich, daß es mit dir anders ist, denn du bist in einer Weihnacht geboren und ein Glückskind."

Mehr bekam die Anna Barbara nicht zu erfahren von dem goldenen Taler, bis sich in einer kalten Winternacht die Großmutter in ihr Bett legte und starb. Ehe sie aber tot war, setzte sie sich noch einmal auf, sah die Anna Barbara scharf an und sprach:

"Wenn ich jetzt tot bin, Anna Barbara, läßt du mich auf dem Friedhof begraben, grad zu Häupten deiner Eltern. Auf keinem andern Fleck!"

Das versprach die Anna Barbara.

"Und wenn du mich begraben hast, so bleibst du nicht hier in unserer Hütte. Sondern du schließt sie zu und gehst hinaus in die Welt, und du bleibst an keinem Fleck, die Leute hätten denn dort den goldenen Taler. Um den dienst du so lange, bis du ihn bekommst – und wenn es zehn und wenn es zwanzig Jahre dauert. Denn du wirst doch nicht eher glücklich, bis du ihn hast. Versprichst du mir das?"

Das versprach die Anna Barbara, und als sie das getan hatte, legte sich die Großmutter zufrieden ins Bett zurück und starb. Nun halfen der Anna Barbara die Leute aus dem Dorf, die Großmutter zu begraben, und sie bekam genau den Platz, den sie sich gewünscht hatte: zu Häupten ihrer Kinder. Als aber das Begräbnis vorüber war und die Leute alle nach Haus gegangen waren, stand Anna Barbara allein unter der Kirchhofstür, ein Bündelchen mit ihren Sachen in der Hand, und wußte nicht, wohin sie gehen sollte. Nach Haus durfte sie nicht wieder, das hatte sie der toten Großmutter versprochen, in die weite Welt aber zu gehen, davor fürchtete sie sich. Zudem war es ein eiskalter Wintertag, der Schnee lag hoch, und Anna Barbara fror schon jetzt wie ein magerer Schneider.

Als sie aber so stand und nicht wußte, was sie tun sollte, sah sie einen Schlitten gefahren kommen, mit einem Schimmel davor und einem langen, gelbhäutigen Manne darauf; die beiden sahen so seltsam aus, daß Anna Barbara trotz all ihrer Furcht und ihrem Kummer fast das Lachen ankam. Denn der Schlitten war nichts als eine alte große Futterkiste, die man auf Kufen gesetzt hatte, und der lange, gelbe Mann darin war so mager, daß Anna Barbara meinte, sie höre beim Rumpeln des Schlittens seine Knochen klappern. Sein Gesicht aber war ganz ohne Fleisch und so hohl, daß ihm der Winterwind durch die Backen blies.

War der Mann aber schon mager, so war das doch noch gar nichts gegen den Schimmel. Der sah so verhungert aus, daß er bei jedem Schritt hin und her wankte und fast umfiel, und der Kopf hing ihm vor Entkräftung so tief zwischen den Beinen, daß das Maul beinahe den Schnee auf der Straße streifte.

Als der Schlitten nun gerade vor der Kirchhofstür war, blieb der Schimmel stehen, als könne er nicht mehr weiter, und so blieb der Schlitten auch stehen. Der Schimmel aber drehte die Augen sehr kläglich nach der Anna Barbara, daß fast nur das Weiße zu sehen war, der Mann aber drehte seine Augen auch nach dem Mädchen, in denen aber war das Weiße gelb vor lauter Galle.

Nachdem der dürre Mann Anna Barbara eine Weile betrachtet hatte, fragte er mit quäksiger Stimme: "Was bist denn du für ein Mädchen, daß du da unter der Kirchhofstür stehst und frierst wie ein Scheit Holz im Winterwalde? Mir täte meine teure Leibeswärme viel zu leid, als daß ich sie so für nichts vom Ostwind wegblasen ließe."

Da erzählte Anna Barbara dem Mann, daß sie ein Waisenkind sei und eben die letzte Anverwandte, die Großmutter, begraben habe. Jetzt wolle sie nun in die Welt hinaus und sich einen Dienst suchen, wo sie den goldenen Taler gewinnen könne.

"So, so", sagte der dürre Mann und rieb sich nachdenklich seine dünne Nase mit dem Knochenfinger. "Bist du denn wohl auch fleißig und ehrlich und sparsam, früh auf und spät ins Bett, und vor allem genügsam im Essen?"

Anna Barbara sagte, das alles sei sie. Da sagte der dürre Mann:

"So steig auf den Schlitten. Du triffst es gerade gut: ich suche eine kleine Magd, die mich und meinen Schimmel Unverzagt versorgt."

Anna Barbara aber zögerte und fragte, wie er denn heiße, und wo er wohne, und ob sie bestimmt auch den goldenen Taler für ihre Dienste bei ihm bekommen würde.

Da antwortete der Mann: "Ich heiße Hans Geiz und wohne in der großen Ortschaft Überall. Und was den goldenen Taler angeht, so sollst du den bestimmt von mir bekommen, wenn du mir drei Jahre treu dienst." Dazu lachte der Mann ganz freundlich, es klang aber, als ob ein Ziegenbock meckerte, und der Schimmel verdrehte die Augen so fürchterlich und wackelte so sehr mit seinem ganz haarlosen Schwänzchen, daß es Anna Barbara beinahe mit der Angst bekommen hätte.

Sie bedachte sich aber noch zur rechten Zeit, wohin sie denn sonst gehen solle, und daß sie großes Glück habe, gleich auf der ersten Stelle den goldenen Taler zu treffen, den Mutter und Großmutter ihr Lebtage vergeblich gesucht hatten.

Sie warf also ihr Bündelchen in den Schlitten und sprang schnell hinterher. Da fuhr Hans Geiz sie böse an und schalt: "Du fängst ja schön an, mein gutes Schlittenholz so abzuschurren! Setze dich fein sachte hin, Holz ist eine teure Sache!" Und als sie traurig nach dem Kirchhof zurücksah und in Gedanken an die tote Großmutter hastiger atmete, mahnte er sie schon wieder: "Atme fein sachte und vorsichtig, daß du die Lunge nicht zu sehr abnützest! Du hast nur eine, und ist sie hin, gibt es keine andere."

Danach aber rührte er mit der Peitschenschmitze den Schimmel an, und unendlich langsam hob der ein Bein nach dem andern und unendlich langsam, kaum schneller als eine Schnecke, fuhren sie zum Dorf hinaus. Zuerst sah Anna Barbara den Friedhof entschwinden, dann fuhren sie an der Schmiede vorbei, nun am Haus des Bäckers, vor dessen Tür die Brennholzschwarten bergehoch gestapelt lagen – und nun waren sie zum Dorf hinaus.

Leise fing es an zu schneien. Zuerst tanzten nur einzelne Flocken vom Himmel herab, aber rasch wurden es mehr und mehr, und schließlich fielen sie so dicht, daß sie das ganze Land verhüllten. Nicht Baum noch Haus, nicht Weg noch Steg sah Anna Barbara mehr, und sie überlegte sich immer wieder, wie man bei solchem Schneetreiben denn den Weg finden könne.

Fragte sie aber ihren neuen Dienstherrn, wo denn die große Ortschaft Überall liege, so antwortete er nur: "Überall!" Und der alte, verhungerte Schimmel lief immer rascher, die Kufen flogen nur so über den knirschenden Schnee, und manchmal war es der Anna Barbara, als führen sie gar nicht mehr auf der Erde, sondern direkt durch die tanzenden Flocken in der Luft, und vom

Schimmel sah sie kaum mehr als einen flüchtigen Schatten. Da wollte ihr fast angst werden; sie sah über den Schlittenrand und meinte, in einen bergetiefen Abgrund voll tanzender Flocken zu schauen, aber dann sah sie wieder ihren Begleiter an und bekam neuen Mut. Denn Hans Geiz hielt ganz ruhig die Zügel, sagte nur manchmal "hü" oder "hott" und tat, als sei solch sausende Schlittenfahrt nichts Sonderliches.

Schließlich aber war es der Anna Barbara, als senke sich der Schlitten immer tiefer. Schon meinte sie, durch das Schneegestöber die Umrisse uralter Tannen zu sehen, da hielt mit einem Ruck der Schimmel, und sofort ließ er wieder den Kopf zwischen den Beinen hängen, als wolle er vor lauter Hunger umfallen.

"Da sind wir also wieder zu Haus!" sagte Hans Geiz, aber soviel Anna Barbara auch durch das Schneetreiben spähte, sie vermochte kein Haus zu sehen. Da war nur etwas in dem Schnee, das sah wie ein Haufen altes, verfaultes Stroh aus.

"Wo ist denn das Haus?" fragte Anna Barbara neugierig. Aber Hans Geiz zeigte nur mit einem: "Da!" auf das alte Stroh und befahl: "Nun hilf mir erst einmal den Schimmel Unverzagt ausspannen. Dann wollen wir ins Haus gehen und schön zu Abend essen."

So knüpften und schnallten denn die beiden mit ihren froststarren Händen so lange an dem Schimmel herum, bis er ohne Geschirr dastand.

Wieder sah sich Anna Barbara um, wo denn der Stall für den Schimmel wäre. Aber Hans Geiz sagte bloß: "Leg dich, Unverzagt!" und sofort legte sich der Schimmel in den tiefen Schnee, daß eine Grube entstand. "So – und nun schieb Schnee über ihn ..." befahl Hans Geiz.

Das alte Tier rollte die Augen wie Bälle und fletschte dazu seine langen, gelben Zähne, aber es half ihm nichts: es wurde ganz mit Schnee zugedeckt. "Der Winter ist doch die beste Jahreszeit", lachte Hans Geiz, als das getan war. "Spart Futter und Stall. Da liegt er nun, der Unverzagt, der Frost hält ihn frisch, daß er mir nicht verdirbt, und brauche ich ihn wieder, gieße ich ihm nur ein wenig warmes Wasser auf die Nase, gleich fängt er wieder an zu atmen. – Ja, ja, sparen möchte jeder, man muß es aber auch verstehen! Von mir kannst du viel lernen, Anna Barbara!"

Dem Mädchen tat der Schimmel in der Seele leid, daß er da so im kalten Schnee ohne ein bißchen Futter liegen mußte. Aber sie wagte nichts zu sagen, sondern ging still ihrem Herrn nach, der auf den alten Strohhaufen geklettert war und nun an einem großen dunklen Loch stand, das in die Erde ging. "Ja, ja", sagte Hans Geiz händereibend zu Anna Barbara, "das ist zugleich Schornstein und Tür und Fenster von meinem Haus. Die Menschen sind doch dumm, daß sie sich mit teurem Gelde Häuser aus Stein über der Erde bauen, wo sie doch so einfach mit wenig Kosten in die Erde hinein können. Nun also, fahre mir nach, aber warte, bis ich dich rufe, sonst springst du mir wohl gerade auf den Kopf."

Damit steckte Hans Geiz seine langen, dürren Beine in das Loch, rutschte nach und – bums! – war er verschwunden. Anna Barbara hörte nur noch ein dumpfes, immer leiser werdendes Poltern aus der Tiefe. Es grauste sie sehr, und am liebsten wäre sie fortgelaufen, gleich in der ersten Stunde aus diesem ihrem ersten Dienst. Aber wohin sollte sie bei solchem Schneegestöber? Sie wäre ja doch nur erfroren am Wege umgesunken!

So ließ sie sich denn auch, als ein schwacher Ruf aus der Tiefe tönte, wie sie's gesehen, mit den Beinen zuerst hinab. Sausend fuhr sie hinein in den dunklen Erdenschlund, mit geschlossenen Augen fiel sie tiefer und tiefer. Das dauerte endlos lange, aber schließlich landete Anna Barbara doch ganz sanft auf etwas Weichem, das ihr wie Heu vorkam.

Es war auch Heu, sah sie, als sie die Augen aufschlug. "Nun komm schon", sagte Hans Geiz recht verdrießlich. "Du hast mich viel zu lange rufen lassen. Von nun an kommst du immer gleich, wenn ich dich rufe." Damit nahm er Anna Barbara bei der Hand und zog sie aus dem dämmrigen Raum, wo sie im Heu gesessen, durch einen Vorhang in einen riesengroßen, hell erleuchteten Saal. Da bekam Anna Barbara wiederum einen großen Schreck, denn als sie in den Saal traten, saßen rechts und links vom Eingang zwei große, struppige Hunde mit glühenden Augen – die waren größer als Kälber und fuhren, mit ihren dicken, eisernen Ketten klirrend, zähnefletschend auf Anna Barbara zu.

"Wollt ihr kuschen, ihr Höllenhunde!" rief Hans Geiz die Tiere an, die sofort zurückgingen, aber mit bösem Knurren.

"Das ist die Anna Barbara, die bleibt jetzt hier, und der dürft ihr nichts tun, außer sie will ohne meine Erlaubnis aus der Halle."

Die Hunde funkelten Anna Barbara an und leckten ihre roten Mäuler mit ihren roten Zungen.

Zu Anna Barbara aber sprach Hans Geiz: "Das sind zwei rechte Hunde aus der Hölle, heißen Neid und Gier, mein Vater, der Teufel, hat sie mir geschenkt. Nimmermüde passen sie auf, daß niemand mir mein armes bißchen Habe stiehlt, und außerdem sind sie mir noch zu manchem anderen Geschäfte gut. – Ihr Hunde", sprach er und rieb sich fröstelnd die Hände, "seid doch wieder faul gewesen. Kalt ist es in meiner Halle, wollt ihr wohl gleich heizen!"

Da setzten sich die Hunde Neid und Gier auf ihre Hinterteile, rissen die riesigen Mäuler weit auf – und sofort schlugen große Flammen daraus. Denn die Hunde konnten, wenn sie es wollten, blankes Feuer atmen.

"So", sprach Hans Geiz und rieb sich zufrieden die knochigen Hände, daß sie knackten. "Nun werden wir es gleich warm haben. Ja, man sollte es gar nicht glauben, wie solch Höllenhund Neid oder gar Gier einem einheizen kann – aber es ist so! – Komm, jetzt wollen wir etwas essen."

Damit ging Geiz tiefer in die Halle, die von einem sanften grünen Licht erfüllt war.

Zuerst konnte Anna Barbara nicht erkennen, woher das Licht kam, dann aber merkte sie, daß es von vielen hunderttausend Glühwürmchen ausströmte, die unter der Decke saßen und leuchteten.

"Du siehst dir meine Beleuchtung an", sprach Hans Geiz zufrieden. "Ja, das ist auch eine praktische Sache. Bei mir wirst du dir die Hände nicht schmutzig machen müssen mit Lampen füllen und putzen. Es sind aber auch alles bewährte, alte Glühwürmchen hier, die mit ihrem Irrlichterieren schon einen Menschen vom Wege ab und in den Sumpf geführt haben."

Der Anna Barbara wurde es immer angstvoller zumute, sie dachte bei sich: ›Dieser Hans Geiz ist ja ein ganz schlechter Kerl, der kann doch unmöglich den schönen goldenen Taler in Verwahrung haben, nach dem Großmutter und Mutter ihr Lebtag gesucht haben! Ach, ich wollte, ich hätte nie diesen Dienst angenommen – hier, in dieser Erdhöhle, in die nie die Sonne scheint, in der kein Blümlein wächst und kein Vogel singt, halte ich es doch nie drei Jahre aus!‹ – Und vollerSchrecken sah sie auf das alte, verschimmelte, zerfallende Gerümpel, das da an den Wänden der Halle lag.

Das war aber wohl wirklich ein seltsamer Raum, durch den die kleine Anna Barbara da mit ihrem Führer ging! Unendlich lang schien die Halle zu sein, und so weit sie schon gegangen waren, es war doch immer noch kein Ende abzusehen, und der Eingang, von dem sie herkamen, war schon so weit entfernt, daß die beiden Höllenhunde, die doch groß waren wie die Kälber, jetzt so klein aussahen wie Kätzchen. An den Wänden dieser Halle aber lag zu Bergen aufgehäuft alles alte Zeug, das man sich nur denken kann: Berge zerrissener Schuhe, Türme aus alten Matratzen, denen die Wolle aus dem Bezug hing, Pyramiden von alten Flaschen, und so tausenderlei Zeugs mehr – vor allem aber Papier über Papier.

"Ja, ja, da staunst du, Anna Barbara", kicherte der Hans Geiz. "Das bringe ich alles von meinen Fahrten über Land mit. Ich bin kein ganz armer Mann mehr. Schöne Sachen sind das!" Er grinste und fletschte dabei seine langen, gelben Zähne, daß die Anna Barbara schon wieder ein Grausen ankam. "Die Leute denken, sie brauchen die Sachen nicht mehr, tun sie weg und vergessen sie. Aber ich bewahre alles auf, denn nichts wird vergessen auf dieser Welt. Das sind Stiefel, mit denen sie einander getreten, Matratzen, auf denen sie faul gewesen sind, Flaschen, aus denen sie einander "Prost, Gesundheit!" zugetrunken haben und im stillen sich doch alles Schlechte wünschten, und dies ist alles Papier von der Welt, auf dem sie einander bewiesen haben, daß weiß schwarz und Recht Unrecht ist."

Immer stiller wurde die Anna Barbara, traurig ging sie weiter. Es war der erste Abend im neuen Dienst, und doch war ihr am liebsten gewesen, es wäre schon der letzte, sie meinte, ihr Herz müsse brechen in den drei Jahren, die vor ihr lagen.

"So, nun wollen wir etwas Schönes essen", sprach der Hans Geiz und fing an, in seinen Taschen herumzusuchen. "Warte, ich habe uns etwas Gutes mitgebracht."

Sie waren in eine kleine Nische an der Hallenwand gekommen, wie ein Stübchen, dessen Wände freilich nur aus schweren, eichenen Türen bestanden, mit dicken, eisernen Beschlägen und schweren stählernen Riegeln und großmächtigen Vorlegeschlössern. Anna Barbara wunderte sich, was wohl hinter diesen drei Türen stecken möge, "aber", dachte sie, "das werde ich in den drei Jahren schon noch alles erfahren."

Unterdessen hatte Hans Geiz alles aus seinen Taschen gezogen, was er zu einem guten Abendessen gebrauchte: nämlich einen Kanten Brot, der war schimmlig, eine Speckschwarte, die hatte in der Asche gelegen, und einen Apfel, dessen eine Hälfte war faul. "Ein feines Essen, ein Lecker- und Schleckeressen!" rühmte Hans Geiz. "Da müssen wir vorsichtig essen, sonst verderben wir uns den Magen." Damit fing er an, den Kanten mit seinem Messer in Stücke zu zerteilen. Anna Barbara aber, die daran dachte, daß sie noch ein Töpfchen reine Butter und einen Laib selbstgebackenes Brot in ihrem Bündel hatte, sagte hastig, sie habe heute abend keinen Hunger.

"Wie du willst", sagte Hans Geiz recht gleichmütig und schob alles bis auf ein Stücklein Schwarte und ein Ecklein Brot wieder in die Tasche. "Aber denke daran, daß morgen nicht so fett gegessen wird wie heute." Und er strich sachte mit der Speckschwarte über das trockene Brot. "Oh, wie schmeckt das kräftig und gut!" rief er dann. "Die Menschen sind ja dumm, sie meinen, der Speck sei zum Essen da. Zum Einreiben ist er, macht dann schon das Essen so stark, daß man es kaum vertragen kann. Ich reiche mit einem solchen Stück Speck fast ein Jahr."

Damit steckte er die Schwarte in die Tasche, biß noch ein Krümchen vom Brot, kaute es lange, sprach: "Gut gekaut ist halb verdaut – oh, wie bin ich gut satt!" und hatte so viel gegessen, daß ein Spatz danach noch hätte Hunger haben müssen. Er aber stand auf und sprach: "Nun will ich dir zeigen, wo du schlafen kannst. Morgen fängt dann die Arbeit an."

Er führte Anna Barbara in einen ganz kleinen Winkel an der Nische – von ferne hatte es ausgesehen, als sei es nur eine ganz schmale Fuge zwischen zwei Steinen. Wie sie aber näher kamen, wurde die Fuge weiter und weiter und ein richtiger Raum. Staubig und rumplig sah's freilich darin aus, die Spinnen hatten ihre Netze kreuz und quer gespannt, und welke Blätter lagen auf der Erde. "Na ja", sprach Hans Geiz grämlich, "hier hängen ja Hängematten genug für zwanzig Mädchen wie dich, und auch Decken liegen da, so viele du nur brauchst."

Und im gleichen Augenblick sah Anna Barbara, daß das, was sie für Spinnennetze gehalten hatte, Hängematten waren, und daß die welken Blätter auf der Erde braune Decken waren. "Schlaf schnell ein, Anna Barbara!" mahnte Hans Geiz, "daß du morgen frisch zur Arbeit bist. Und rabantere mir nicht so in der Hängematte, gute Sachen müssen auch gut behandelt werden."

Damit ging er hinaus, und Anna Barbara machte, daß sie schnell in ihre Hängematte kam, so müde war sie. Sie schlief auch sofort ein, und im Traum war es ihr, als säße die tote Großmutter neben ihr und spräche: "Ja, du bist auf dem rechten Wege, Kind, dir wird es mit dem goldenen Taler wohl nicht fehlgehen." Anna Barbara wollte mit dem Kopf schütteln und sagen, daß ihr diese Stelle gar nicht gefalle. Davon kam aber die Hängematte ins Schwingen, sie schwang immer schneller und höher. "Ich werde noch fallen", dachte Anna Barbara im Traum, da fiel sie auch schon wirklich.

Es tat tüchtig weh, sie schlug die Augen auf, vor ihr stand Hans Geiz. Sie aber lag auf der Erde, und die Schnur ihrer Hängematte war durchgerissen. "Hast du also doch rabantert!" sprach Hans Geiz. "Bisher bist du noch nicht viel nütze gewesen. – Na, komm. Es ist jetzt droben Morgen, und nun will ich dir deine Arbeit zeigen."

Damit ging er ihr voran in die Nische mit den drei eisenbeschlagenen Türen. Eine von ihnen schloß er auf, und sie kamen in einen Keller, an dessen Wänden Dutzende von Fässern standen. In der Mitte des Kellers aber stand ein Tischlein mit einem Schemelchen. Auf dem Tischlein lagen ein Tüchlein, ein Brötlein, standen ein Täßchen und ein Fläschchen. Und in der Ecke war ein Lager aus Stroh mit Decken.

"Sieh", sprach Hans Geiz, "in den Fässern habe ich viel Kupfergeld, aber es ist mir vom langen Liegen schmutzig geworden und voller Grünspan. So sollst du es mir wieder blank putzen. Mit dem Tüchlein sollst du wischen und in dem Fläschlein ist ein Wasser, das nimmt den Schmutz fort. Mußt du aber einmal weinen, so tue es ruhig ins Fläschlein, davon bekommt das Putzwasser besonders reinigende Gewalt. Das Brötlein ist für dich da zum Essen, und in dem Täßchen ist ein wenig Milch für dich – sie werden nie alle. Aber hüte dich, sie ganz zu verzehren, dann wächst nichts Neues nach, und du mußt verhungern. Nun spute dich und geh an die Arbeit, Mädchen. Wenn du all diese Kupferlinge blankgeputzt hast, daß nicht ein Flecken mehr auf ihnen ist, soll dein erstes Dienstjahr um sein und du sollst ein Drittel von dem goldenen Taler verdient haben."

Ober diese harten Worte fing Anna Barbara bitterlich an zu weinen, und sie rief klagend: "Ach, Ihr hattet mir doch versprochen, ich sollte für Euch und den Schimmel Unverzagt sorgen dürfen, und nun soll ich hier ein ganzes Jahr in diesem traurigen Gewölbe hocken müssen, ohne Sonne und ein grünes

Blättchen und ohne eine freundliche Menschenstimme, und Euer schmutziges Kupfergeld putzen – nein, das will ich nicht, und das tu ich auch nicht!"

Weinend blieb das arme Mädchen zurück, viele Male rief sie nach dem harten Hans Geiz und bat ihn, sie zu erlösen, er aber ließ nichts von sich hören. Da sah Anna Barbara, es gab keinen andern Ausweg, als fleißig zu putzen, um möglichst schnell wieder hinauszukommen. So holte sie sich eine kleine Schürze Kupferpfennige an den Tisch, tauchte das Tuch ins Putzwasser und fing an zu reiben. Oh, wie lange Zeit dauerte es aber, bis sie nur einen Kupferling blank hatte! Da wollte sie fast verzagen, wenn sie daran dachte, wieviel Kupferpfennige auf dem Tische lagen, und wieviel Tausende erst in einer Tonne, und wieviel Millionen in all den Tonnen an den Wänden! Aber sie dachte bei sich: ›Viel Klagen putzt nicht!‹ und putzte emsig weiter, bis sie Hunger bekam.

Sie nahm Brot und Täßlein und fing an, zu essen und zu trinken. Aber wie sie im besten Schmausen war und grade merkte, das Brot war knapp, daß es kaum ihren Hunger stillte, sprach eine feine Stimme: "Gib mir auch zu essen und zu trinken!"

Sie sah auf den Tisch, und sie sah unter den Tisch, sie sah ringsum im Keller, aber sie fand nichts, das zu ihr hätte sprechen können. So dachte sie, die Ohren hätten ihr nur geklungen, und sie aß weiter.

Aber kaum hatte sie wieder einen Bissen getan, so kam die Stimme von neuem: "Iß mir nicht alles weg, trink mir nicht alles aus – ich habe auch Hunger und Durst."

Diesmal sah Anna Barbara gar nicht erst lange umher, sondern sie fragte: "Wo steckst du denn? Ich sehe dich nicht."

"In der Flasche", sprach die feine piepsige Stimme. "Ich halte dir doch dein Putzwasser sauber."

Da sah sich Anna Barbara die Flasche an, und als sie genau hinschaute, sah sie darin ein klein winzig Männlein, nicht größer als der Nagel an ihrem Daumen, das saß in dem Wasser.

"Hast du mich nun gesehen?" fragte das Männlein. "Nun hilf mir heraus, daß ich in der guten Luft essen kann!" Und als Anna Barbara sich hilflos umsah, wie sie dem Männlein wohl aus der tiefen Flasche durch den engen Hals helfen könne, sagte es ungeduldig: "Nun, eile dich doch ein wenig! Meinst du, es ist ein Vergnügen, tagaus, tagein in dem scharfen Wasser zu sitzen?! Hol ein Hälmchen Stroh aus deiner Bettstatt, daran will ich wohl hinausklettern."

Also holte Anna Barbara ein Hälmchen Stroh, das Männchen kletterte geschickt hinaus, setzte sich auf den Flaschenkorken und sprach sehr barsch: "Nun gib mir zu essen und zu trinken."

Da bröselte sie ein Bröckchen Brot ab, tat einen Tropfen Milch in eine Haferschluse und gab ihm beides. Gleich schrie das Männlein: "Mehr! Mehr!", schlug wütend mit den Armen und fraß und stopfte, daß es blaurot im Gesicht wurde und daß sein Bäuchlein anschwoll wie eine dicke Saubohne. Immer schrie es gleich: "Mehr! Mehr!", und wenn ihm Anna Barbara das Bröselchen nicht schnell genug reichte, so schalt es sie gleich ein faules Mädchen, es werde nun auch faul sein beim Reinigen des Putzwassers.

Schließlich aber war das Männlein gesättigt. Es saß zufrieden auf dem Flaschenkorken, baumelte mit den dürren Beinen und sprach: "Oh, wie bin ich schön satt! Das hast du gut gemacht. Nun werde ich dir auch ein Putzwasser bereiten, da sollst du sehen, wie die Arbeit flitzt."

"Kann man denn all die Pfennige überhaupt je blank bekommen?" fragte Anna Barbara ängstlich.

"Das kannst du", antwortete das Männchen kaltblütig. "Wenn du nämlich Ausdauer hast, und ich dir helfe."

"Und hat denn der Hans Geiz wirklich den goldenen Taler?" fragte Anna Barbara wieder.

"Das wirst du schon erfahren", sagte das Männlein. "Aber soviel kann ich dir heute schon sagen: er hat ihn und er hat ihn nicht."

Anna Barbara zerbrach sich den Kopf, was das wohl bedeute, da sagte das Männchen: "Nun will ich auch einmal eine Frage tun. Nämlich: Wie heißt du denn?"

"Anna Barbara", sagte Anna Barbara.

"Das ist ein schrecklich dummer Name", sagte das Männchen. "Ich werde dich Liebste nennen."

Da mußte Anna Barbara gewaltig lachen, denn daheim in ihrem Dorf nannten die jungen Burschen das Mädchen, das sie einmal heiraten wollten, ihre Liebste. Und wenn sie sich dazu das Männchen ansah, nicht größer als ihr Daumennagel, und bedachte, es wolle sie auch Liebste nennen, so mußte sie eben lauthals lachen.

Sofort wurde das Männlein krebsrot vor Wut und schrie: "Lach nicht so dumm, du albernes Mädchen! Jawohl, Liebste nenne ich dich und du wirst mich Liebster heißen, und wenn die Zeit gekommen ist, werden wir uns heiraten ..."

Da konnte sich Anna Barbara nicht mehr halten. Sie sprang auf, trampelte mit den Füßen vor Vergnügen auf der Erde herum und lachte, so laut sie nur konnte. Denn wenn Anna Barbara das Männchen ansah mit seinem blauroten, faltigen Gesicht, einem Schädel, blank wie ein Ei, einem strubbligen Bart, mit einem runden Bäuchlein und Armen und Beinen so dürr wie Stecken, und dabei dachte, das sollte einmal ihr Mann werden – so mußte sie eben wie toll lachen.

Das Männchen aber sprang von seinem Korken auf, trampelte auch mit den Füßen auf den Boden, aber vor Wut, und kreischte mit seiner dünnen, piepsigen Stimme: "Warte nur, du böses Mädchen! Wenn du erst meine Frau bist, dann will ich dich für dieses Lachen an den Haaren reißen!"

Und es schüttelte wütend seine Fäustchen gegen Anna Barbara. Als die aber gar nicht mit Lachen aufhörte, fuhr es zornig an der Flasche hoch, sprang hinein und war untergetaucht. Und nur Schaum und Blasen im Putzwasser verrieten noch, daß es weiter darin saß und wütete. –

Bald machte sich auch Anna Barbara wieder an ihre Arbeit, und so flink ging sie ihr vonstatten, daß sie denken mußte: "Ist das komische Männchen auch wütend, macht es mir doch das Putzwasser so scharf, daß ich nur einmal über den schmutzigsten Pfennig hinzureiben brauche, und er glänzt wie der liebe Mond."

So arbeiteten die beiden nun viele Tage miteinander. Anna Barbara ließ nicht ab, fleißig zu reiben und zu scheuern, damit ihr das Jahr nur recht kurz werde, und jede Tonne, die sie von schmutzigen Pfennigen entleert und mit blanken Pfennigen gefüllt hatte, machte ihr das Herz leichter. Und das Männlein bereitete mit seinen Künsten das Putzwasser immer schärfer, und sie aßen zusammen alle Tage von dem Brot, und sie tranken gemeinsam von der Milch. Aber jedesmal, wenn sie ihre gemeinsame Mahlzeit hielten, gerieten sie in Streit, denn das Männchen hörte nicht auf, sie Liebste zu nennen, und erboste sich jedesmal von neuem, wenn sie darüber zu lachen anfing. Und wenn es sagte, in seinem Hause dürfe sie ihm nur Linsensuppe kochen, aber keine Erbsen, wollte Anna Barbara gerade Erbsen und fragte ihn wohl auch spöttisch, ob sein Haus die Putzwasserflasche sei, und ob sie da auch hinein müsse. Er möge nur die Türe, nämlich den Hals, erst ein bißchen weiter machen.

Immer endete es aber damit, daß das erzürnte Männlein ihr schwere Strafen androhte, wenn sie erst seine Frau sei, und wollte er sie im Anfang nur am Haar reißen, kam es am Ende doch so weit, daß er ihr jedes Haar einzeln ausreißen, die Nase abbeißen und die Augen als dicke Erbsen kochen wollte. Zum Schluß aber fuhr das Männchen immer zornig an seinem Strohhalm in die Flasche und warf Blasen, als gurgele es mit dem Putzwasser.

Zwischen Tag und Nacht war in dem lichtlosen Kellerloch tief in der Erde, in dem nur die Glühwürmchen leuchteten, kein Unterschied, so wußte Anna Barbara nicht, wieviel Zeit vergangen war, als sie an die letzte Tonne mit Kupferlingen ging. Auf dem Boden dieser Tonne aber lag eine kupferne Glocke, und als sie den letzten Pfennig geputzt hatte, sprach das Männlein zu ihr: "Nun läute die Glocke", fuhr aber danach gleich in seine Flasche.

Anna Barbara schwang die Glocke. Da fing sie sonderbar an zu summen und zu brummen. Es war der Anna Barbara ganz, als treibe der Kuhhirte im Dorfe daheim die Herde in die Ställe, und die große rotscheckige Kuh vom Müller läute mit der Glocke an ihrem Hals der Herde voran. Als sie aber die Glocke weiterschwang, klirrten die Riegel an der Kellertür, die Tür sprang auf, und herein trat der dürre, gelbe Hans Geiz und sprach grämlich: "Bist du fertig? Hast du auch sauber geputzt? Hast du auch keinen Kupferling ausgelassen?" Und er wühlte in der Tonne.

Als er aber sah, es war alles ordentlich gemacht, sprach er zu dem Mädchen: "So hast du dir den dritten Teil vom goldenen Taler verdient. Komm mit, daß ich dir die Arbeit weise, mit der du dir das zweite Drittel verdienen kannst."

Da faßte sich Anna Barbara ein Herz und bat den harten Hans Geiz beweglich, er möge sie doch gehen lassen, sie halte es hier nicht aus im öden Keller, ohne eine Menschenstimme, ohne liebe Sonne und ohne bunte Blumen. Da fing das Putzwasser in der Flasche an zu brodeln und zu spucken, als sei das Männchen überaus wild, aber der Hans Geiz sagte sehr kalt, Vertrag sei Vertrag, er lasse sie nicht eher gehen, bis sie nicht ihre Zeit abgedient habe. Damit faßte er sie am Arm und wollte sie durch das Stüblein in einen andern Keller führen.

Anna Barbara aber riß sich von ihm los und lief aus der kleinen Stube in den großen Saal, und sie rannte zwischen den Stiefel- und Matratzenhaufen und zwischen den Bergen von altem Papier, so rasch sie nur rennen konnte, dem Ausgang zu. Der Hans Geiz eilte sich gar nicht, denn er wußte ja, sie kam wegen der Hunde Gier und Neid doch nicht heraus. Die Hunde aber, als sie Anna Barbara heranlaufen sahen, sprangen auf, zerrten an ihren Ketten und warfen aus ihren Mäulern so viel glühendes Feuer in die Luft, daß Anna Barbara von der Hitze ohnmächtig hinsank.

Da nahm sie Hans Geiz auf seinen Arm und trug sie gemächlich in den andern Keller, wo er sie auf ein Lager legte. Als Anna Barbara da aus ihrer Ohnmacht erwachte, war sie ganz allein in einem Keller, noch viel größer als der Kupferkeller. Und an den Wänden dieses Kellers standen viele Tonnen mit beschmutztem Silbergeld, und hatten im andern Keller vielleicht zwanzig Tonnen gestanden, so waren es hier vierzig oder gar fünfzig.

Bei diesem Anblick fing Anna Barbara bitterlich zu weinen an, und sie klagte über ihr jämmerliches Leben, das sie nun ewig putzend in öden Kellergewölben verbringen müsse, und nie, nie werde sie das Putzen dieses Silbers bewältigen.

Als sie aber so weinte und klagte, hörte sie ein böses, hämisches Lachen, und als sie aufschaute, saß wieder das Putzwassermännlein auf dem Tisch, lachte sie aus und sprach: "Geschieht dir ganz recht, du ungetreue Liebste! Hast du mir nicht die Heirat versprochen, und nun wolltest du von mir fortlaufen in die Welt hinaus und mich allein im Wasser sitzenlassen –?!"

Zornig rief Anna Barbara: "Gar nichts habe ich dir versprochen! Glaubst du denn wirklich, ich will einen alten Knacker heiraten mit einem Kahlkopf wie ein nacktes Knie, einer Knollennase, blau wie eine Kornblume, und einem Strubbelbart, der mir bei jedem Kuß die Lippen zersticht? Nie und nie wirst du mein Mann werden!"

"So?" fragte das Männchen giftig, "werde ich nicht dein Mann?! So helfe ich dir auch nicht beim Putzen, und du kommst nie wieder aus dem Gewölbe!"

Damit fuhr es zornig in die Flasche, aber weder Schaum noch Blasen zeigten, daß es im Putzwasser wohltätig wirke. Und als Anna Barbara wieder an ihre Arbeit ging, mochte sie reiben und polieren, das Silbergeld wollte nicht blank werden. Da warf sie sich verzweifelt auf ihr Lager und dachte: "Ich werde nichts mehr essen noch trinken, dann sterbe ich und brauche mich nicht mehr zu plagen. Dann bin ich tot wie die liebe Großmutter und bin vielleicht bei ihr und ohne Not."

Darüber schlief sie ein, und im Traum war ihr, als säße die gute Großmutter wieder lebendig neben ihrem Lager und spräche: "Was man sich einmal vorgenommen hat, das muß man auch durchführen, Anna Barbara. Nun halte aus, bis du dir den Goldtaler verdient hast. Mit dem Männlein aber mache deinen Frieden, so oder so, denn es allein kann dir aus diesem Gewölbe helfen. Es wird schon kein Unmensch sein und nichts Unmögliches von dir verlangen."

Da seufzte die Anna Barbara im Traum und sprach: "Er will aber doch, daß ich ihn heirate. Und ich kann doch nicht mit ihm im Putzwasser leben!"

Da verzog die Großmutter das Gesicht recht grämlich und sprach: "Ja, Kind, wenn du nur den goldenen Taler hättest, so ging auch das wohl!"

Damit entschwand die Großmutter, als zerginge ein Rauch. Anna Barbara aber wachte davon auf, daß eine feine Stimme "Hilfe! Hilfe!" rief. Sie sprang auf und sah zwei Ratten, von denen trug die eine das ewige Stückchen Brot im Maul, die andere aber das schreiende Männchen. Anna Barbara griff in die nächste Silbertonne, warf ein Silberstück und traf die Ratte so geschickt, daß sie das Männlein fallen ließ und quiekend in ihr Loch fuhr. Mit dem andern Silberstück aber traf sie die andere Ratte, daß sie das Brot fahren ließ. Dann lief Anna Barbara zu dem Männlein, hob es auf, trug es an den Tisch und setzte es wieder auf den Flaschenkorken.

Da sprach das Männlein: "Du hast mir nun das Leben gerettet; Anna Barbara, denn die Ratten waren sehr böse auf mich und wollten mich fressen, weil ich ihnen dein Brot nicht lassen mochte. So will ich denn auch nicht weiter in dich dringen, daß du meine Frau wirst, sondern will dir mit dem allerschärfsten Putzwasser helfen, wenn du mir nur versprichst, mich all dein Lebtage bei dir zu tragen, und mich nie und in keiner Not zu verlassen." Anna Barbara aber antwortete: "Putzwassermännlein, das will ich dir gerne versprechen, weil du dich ja um meines Brotes willen so mutig in Gefahr begeben hast. Und ich will dir auch bestimmt nicht wieder fortlaufen."

So machten sie ihren Frieden und Vertrag miteinander, und von da an erzürnten sie sich nicht mehr. Sie putzten aber so eifrig, daß sie die vielen Silbertonnen schneller blank bekamen als die wenigen Kupferfässer. Auf dem Grunde der letzten Silbertonne fand Anna Barbara eine schöne Silberglocke, und als sie die schwang, war es ihr, als läute der Küsterjunge das Mittagsglöckchen daheim. Da schwoll ihr vor Sehnsucht nach dem Heimatdorfe das Herz, und vor Heimweh hielt sie es kaum mehr aus.

Doch die Riegel rasselten wie das vorige Mal, und herein trat nur der böse Hans Geiz. Er prüfte ihre Arbeit, und als er sie für gut befunden, führte er das Mädchen am Arm in den dritten Keller. Diesmal machte sie keinen Versuch, ihm wegzulaufen, denn sie wußte, an den Hunden kam sie doch nicht vorbei, und sie durfte auch das Putzwassermännlein nicht im Stich lassen. Im dritten Keller nun standen unendlich viele Tonnen mit roten und gelben Goldstücken. Bei ihrem Anblick rief Anna Barbara freudig aus: "Oh, da wird doch auch mein goldener Taler dazwischen sein!" Hans Geiz sprach darauf recht böse: "Vielleicht ist er dazwischen. Wenn du ihn aber nicht findest, so bekommst du ihn auch nicht."

Sprach Anna Barbara angstvoll: "Wie soll ich denn meinen goldenen Taler unter so vielen Tausenden erkennen?" Sagte der Hans Geiz: "Wenn ihn dein Herz nicht erkennt, so hast du ihn auch nicht verdient. Erkennt ihn aber dein Herz, und bekommst du ihn nicht rein, so hast du ihn wiederum nicht verdient."

Damit ging der Hans Geiz und schlug die Türe hinter sich zu. Anna Barbara aber sprach zu dem Männlein: "Kannst du mir denn nicht raten und sagen, welches mein goldener Taler ist?" Sprach das Männlein traurig: "Hier sind meine Hilfe und Macht zu Ende. Horche nur auf dein eigen Herz, vielleicht daß es dir sagt, welches der rechte goldene Taler ist."

So begann Anna Barbara zu putzen, und bei jedem Goldstück, das sie in die Hand nahm, befragte sie ihr Herz, doch ihr Herz blieb stumm. Es fiel dem Mädchen aber auf, daß das Männlein stets stiller und schweigsamer wurde.

Gar keinen Scherz machte es mehr, nicht einmal geriet es noch in Wut, und es rührte auch kaum noch ein Bröckchen von dem Brot und ein Tröpfchen von der Milch an. Sprach Anna Barbara: "Was ist dir, Männlein? Sprichst nicht, issest nicht, trinkst nicht – du bist doch nicht krank?"

Antwortete das Männlein: "Laß mich, Anna Barbara!"

Sagte Anna Barbara: "Nein, ich lasse dich nicht, Männlein. Ich habe dir ja versprochen, dich nie im Leben zu lassen. Also lasse ich dich auch jetzt nicht." Sagte das Männlein: "Vergiß das auch nicht, Anna Barbara!", fuhr wieder in seine Flasche und wollte um keinen Preis erzählen, was ihm denn fehle.

So kam nach langer Arbeit schließlich die letzte Goldtonne heran, und immer noch war Anna Barbaras Herz stumm geblieben. Aus der letzten Tonne putzte Anna Barbara Goldstück um Goldstück, aber ihr Herz sagte nichts. Schließlich kam sie auf den Boden der Tonne, aber diesmal lag keine goldene Glocke auf dem Boden, sondern nur Goldgeld. Sie putzte es und sprach dann traurig zum Männlein, das auch traurig und bleich auf seinem Korken saß: "Nun habe ich alles Gold in diesem Keller blank geputzt, und meine Dienstzeit ist wohl herum. Aber es hat keine Glocke auf dem Faßboden gelegen, so daß ich den Hans Geiz nicht rufen kann, daß er uns aufschließt. Und den goldenen Taler hat mir mein Herz auch nicht verraten." Das Männlein antwortete darauf betrübt: "Ich kann dir auch nicht raten und helfen. Aber vielleicht hat Hans Geiz den goldenen Taler listig irgendwo versteckt – suche doch einmal." Da machte sich Anna Barbara ans Suchen, aber so emsig sie auch jedes Eckchen und Fleckchen im Keller durchstöberte, sie fand den goldenen Taler nicht. Als sie sich nun ganz trostlos an den Tisch setzte, sprach das Männlein: "Ich habe Hunger, Anna Barbara, gib mir ein Bröckchen Brot."

Sagte Anna Barbara: "Wir haben doch heute schon gegessen, Männchen. Es sind nur noch ein paar Krümlein da. Die müssen bleiben, damit das Brot während meines Schlafes nachwächst."

Sprach das Männlein: "Wenn du mir nicht jetzt gleich zu essen gibst, komme ich vor Hunger um und bin tot."

Da dachte Anna Barbara: "Es ist ja nun alles gleich, da ich den goldenen Taler doch nicht gefunden habe. So ist ja alles doch umsonst gewesen, und ich will ihm gerne die letzten Krumen geben, daß er noch einmal satt wird. Morgen müssen wir dann freilich verhungern." Und sie steckte ihm die letzten Krümlein in den Mund.

Froher schlug das Männlein die Augen auf und fing eifrig an, das nahrhafte Brot zu kauen. Plötzlich aber verzog es das Gesicht im Schmerz, griff in den Mund und schrie: "Au wei, mein Zahn! Was ist denn da für ein harter Kiesel im Brot –?!"

Und aus dem Munde brachte es etwas, das sah aus wie ein gelbes Steinchen. Als das Männchen es aber in den Händen hielt, fing's an zu wachsen. Schon wurde es ihm zu schwer, hellklingend fiel es auf den Tisch. Hastig griff Anna Barbara danach, hielt es in den Händen. Sie sah's mit Herzklopfen an und rief freudig: "Das ist mein goldener Taler, ich spüre es, mein Herz sagt es mir. Im Brot, in unserm letzten Restchen Brot hat ihn der böse Hans Geiz versteckt, daß wir ihn nur nicht finden!"

Auch das Männchen wurde nicht müde, den goldenen Taler zu betrachten, und rief: "Jetzt haben wir es, das saubere Goldfellchen. Oh, wie es gleißt und blitzt! Schnell, putze, Anna Barbara! Sieh doch, was ist da noch für ein böser, roter Fleck!"

Anna Barbara hatte den häßlichen roten Fleck auch schon gesehen, geschwind nahm sie das Tüchlein, goß Putzwasser darauf, und fing an, zu reiben und zu putzen, daß ihr warm ward. Aber – o weh! –, je mehr sie rieb, um so röter ward der Fleck, ja, es war ganz, als riebe sie ihn immer breiter über den goldenen Taler hin. Schließlich ließ sie müde die Arme sinken und sprach: "Ich schaffe es nicht. Der Fleck läßt sich nicht wegreiben."

Da sagte das Männlein eifrig: "Gib doch nur nicht den Mut auf. Gleich fahre ich in die Flasche und bereite dir das schärfste Putzwasser, das es je gegeben hat."

Und es stieg in die Flasche, und es braute, wallte, wogte und werkte darin, es spülte und trieb um, es mischte und es stieg auf und nieder, daß es brodelte und dampfte. Schließlich kam es wieder heraus, setzte sich ganz müde auf den Flaschenpfropfen und sprach: "Nun putze, Anna Barbara, besseres Putzwasser kann ich nicht bereiten."

Anna Barbara goß von dem Wasser auf ihr Läppchen und rieb und – siehe! – der Fleck wurde heller, und jubelnd rief sie: "Es gelingt! Er wird blank!"

Aber als sie das Läppchen wieder fortnahm, war es, als ginge eine Wolke über den goldenen Taler, und er war wieder fleckig. Da rief sie traurig: "Es fehlt noch ein kleines bißchen an deinem Wasser, Männlein – weißt du denn nicht, was?"

Sagte das Männlein traurig: "Ich habe alles hineingetan, was hineingetan werden muß – wenn noch etwas fehlt, muß du es hineintun. Weißt du denn nicht, was?"

Antwortete Anna Barbara: "Ich weiß nichts." Es war ihr aber so, als müsse sie wissen, was dem Putzwasser noch fehlte, als fiele es ihr nur nicht ein. Das Männlein aber sagte betrübt: "So hilft uns auch der goldene Taler nicht zur Freiheit!"

Da saßen sie beide still und betrübt am Tisch, alle lange Arbeit war umsonst getan, sie kamen doch nicht hinaus. Nach einer Weile aber sprach das Männchen mit schwacher Stimme: "Ich weiß nicht, was mit mir ist, Anna Barbara. Erst habe ich gar nichts essen können, und nun muß ich immerzu essen. Gib mir noch ein wenig Brot."

Anna Barbara aber rief: "Du weißt doch, Männlein, daß du unsere letzte Krume Brot gegessen hast. Nun haben wir nichts mehr zum Nachwachsen."

Da klagte das Männlein: "O weh! O weh! Nun muß ich gewiß sterben." Und es fiel schwach von seinem Korken. Anna Barbara nahm es in die Hand, und als sie den kleinen Mann, der so lange Zeit ihr Geselle gewesen war und ihr getreulich bei aller Arbeit geholfen hatte, bleich und wie sterbend sah, da dachte sie nicht mehr an seine Knollennase, seinen kahlen Schädel und den Strubbelbart, sondern ihre Augen gingen über von herzlichen Mitleidstränen, und sie rief: "Lieber Geselle, laß mich doch nicht allein! Bleibe bei mir, Gesell!"

Eine ihrer Tränen aber fiel auf den goldenen Taler, sie zischte auf, als sei sie auf etwas Glühendes gefallen, ein kleines Wölkchen stieg empor, und als es verflogen war, lag der goldene Taler fleckenlos da.

Jubelnd rief Anna Barbara: "Lieber Geselle, wach auf! Der goldene Taler ist blank!"

Mit schwacher Stimme fragte das Männlein: "Meinst du das denn wirklich, daß ich dein lieber Geselle bin, der dich nie im Leben verlassen darf?"

"Das meine ich ganz wirklich", sagte Anna Barbara.

"Willst du mich dann auch Liebster nennen, und darf ich dich Liebste nennen?" fragte das Männchen.

"Jawohl will ich das und jawohl darfst du das", antwortete Anna Barbara.

"So gib mir darauf einen Kuß!" verlangte das Männlein.

"Das wollte ich wohl gerne tun, Liebster", lachte Anna Barbara. "Aber du bist ja so klein wie der Nagel an meinem Finger – ich habe Angst, ich werfe dich mit meinen Lippen um!"

"Wenn es weiter nichts ist", sagte das Männchen, "so rühre mich nur einmal mit deinem goldenen Taler an." Das tat Anna Barbara, und sofort fing das Männchen an zu wachsen und hörte nicht eher damit auf, bis es ebenso groß war wie Anna Barbara.

"Wie ist es denn nun mit dem Kuß, Liebste?" lachte es, und war eigentlich ganz greulich anzusehen mit seinen Spinnenarmen und -beinen, seiner blauen Nase und dem Kegelkopf. Anna Barbara aber sagte: "Mein Geselle bist du ja doch, wenn du auch greulich anzusehen bist", und gab ihm einen Kuß. Unter dem Kuß aber spürte sie, wie sich das Männlein verwandelte, und als sie es losließ, stand ein schöner, junger Mann vor ihr und sah sie lächelnd an.

"Ja, ich bin das Männlein aus dem Putzwasser, sprach er, "und du hast mich erlöst, Anna Barbara. Wie du war auch ich auf der Suche nach dem goldenen Taler, fiel in die Hände des bösen Hans Geiz und mußte für ihn putzen. Aber ich hatte nicht deine Geduld, putzte nur weniges und das schlecht. Da hat er mich zur Strafe ins Putzwasser gesteckt und zum alten Putzwassermännlein gemacht. – Nun aber nimm deinen goldenen Taler in die Hand, und ich nehme meine Flasche mit Putzwasser – wir wollen machen, daß wir endlich wieder die liebe Sonne schauen."

Damit gingen sie an die Tür, und Anna Barbara klopfte mit ihrem goldenen Taler dagegen. Da flogen die Riegel zurück, und die Schlösser sprangen auf, und sie konnten hindurchgehen. Auf der andern Seite der Tür aber stand der böse Hans Geiz, und er war gelber und dürrer als je, als er sprach: "Du darfst gehen, Anna Barbara, denn du hast alles getan, was du tun solltest. Aber deinen Liebsten mußt du hierlassen, der darf nicht hinaus."

"Wenn er hierbleiben muß, so bleibe ich auch hier", sprach Anna Barbara mit fester Stimme. Ihr Liebster aber rief: "Laß mich nur machen!" Und er spritzte aus dem Fläschchen Wasser in das Gesicht von Hans Geiz. Da schrie der auf vor Schmerz: "Oh, wie das brennt und wehtut! Lauft nur immer, ihr Dummen, an den Hunden Gier und Neid kommt ihr doch nicht vorbei!"

Und sie liefen durch den langen Saal mit dem alten Gerümpel, und von ferne sahen sie die Hunde schon an ihren Ketten zerren und Feuer blasen. Als sie aber näher kamen, spritzte der Jüngling wieder Putzwasser aus seiner Flasche, und vor Schmerzen wimmernd verkrochen sich die Hunde und ließen die beiden vorüber. Nun aber standen sie in dem kleinen Vorraum, von dem der dunkle Schacht himmelhoch hinaufging, und ganz oben sahen sie einen kleinen blauen Fleck, das war der liebe Himmel, den sie so lange nicht gesehen. Es gab aber keine Tür aus dem Vorraum und keine Treppe den Schacht hinauf, und sie fanden keinen Weg hinaus. Sie wollten schon fast verzagen, da hörte Anna Barbara in der Ferne ein Getrapps, und sie machte ihre Stimme ganz laut und schrie: "Hör mich, Schimmel Unverzagt!"

Nach einer Weile verschwand der kleine Himmelsfleck oben, denn der Schimmel schaute hinab und fragte: "Wer ruft?"

"Das Mädchen", rief Anna Barbara, "das du im Winter hierhergefahren, und ihr Liebster. Kannst du uns denn nicht hinaushelfen?"

"Das kann ich vielleicht", antwortete der Schimmel. "Wollt ihr mich dann aber auch immer bei euch behalten und mir gut zu fressen geben, und mich im Winter nicht auf Eis legen?"

"Das versprechen wir dir!" riefen die beiden.

"So wartet ein Weilchen", sagte der Schimmel, "bis die Haare an meinem Schwanze lang genug gewachsen sind." So standen sie ein Weilchen, aber plötzlich sagte Anna Barbara: "Mich kitzelt was an der Backe, Liebster!"

Antwortete er: "Mich krabbelt was im Nacken, Liebste."

"Was mag das wohl sein?" fragten sie, und als sie hinfaßten, hielt jedes ein Pferdehaar. "Wir wollen sehen, ob es fest genug ist", sprachen sie, und sie hängten sich daran. Und das Haar hielt, und sie zogen sich daran empor. Da waren sie oben, und nach langer Zeit standen sie wieder in der lieben Sonne und sahen das Himmelslicht und das gute Grün von Gras und Baum. Sie hörten die Vögel singen und rochen den Duft der Blumen.

Da sanken sich die beiden in die Arme und waren sehr froh und küßten sich. Dann aber setzten sie sich auf den Schimmel Unverzagt, und er ging fort mit ihnen und hörte nicht eher auf zu gehen, bis sie vor dem Haus hielten, in dem Anna Barbara mit ihrer Großmutter gelebt hatte. Da hinein gingen sie, die jungen Leute in die Stube, der Schimmel aber in den Stall. Und dort lebten und arbeiteten sie nun, und sie waren immer glücklich, weil sie den goldenen Taler hatten. Denn wer den ohne Fleck in allem Glanze hat, der ist immer glücklich. Der Schimmel Unverzagt aber wohnte noch lange bei ihnen und hatte es gut bei ihnen. Als er aber starb, wurde er hinter dem Haus unter einem Apfelbaum begraben und ihm ein Grabstein gesetzt mit folgenden Versen:

Hier ruht der Schimmel Unverzagt,
Den Geiz in kaltes Eis gepackt.
Der goldne Taler wärmt ihn auf,
Zufrieden war sein letzter Schnauf.
Nun ruht er aus von aller Müh,
Er war ein herzlich gutes Vieh.

Geschichte vom unheimlichen Besuch

Es war einmal ein Junge, den nannten seine Eltern den Husch, weil er immer so eilig weghuschte, und er war überhaupt das schnellste und leiseste Kind von der Welt. Wenn man ihn suchte, war er gerade weggehuscht, und wenn seine Mutter sich die Kehle nach ihm ausrief, kam er unter dem Küchentisch hervorgehuscht. Darum hieß er der Husch.

Der Husch aber kannte kein größeres Vergnügen, als sich zu verstecken, daß alle nach ihm suchen mußten. Da half kein Bitten und kein Reden und kein Schelten, er konnte es nicht lassen, er mußte sich verstecken. Und Prügel halfen da auch nicht. Sollte es zum Mittagessen gehen, und alle liefen durcheinander, wuschen sich die Hände und riefen dazwischen nach dem Husch, so saß der ganz still und leise in der Holzkiste am Herde, hielt den Atem an und freute sich wie ein König, daß sie nach ihm riefen und lärmten.

Hatte seine Mutter ihn aber am Abend ins Bett gebracht und rief nur schnell den Vater, daß der ihm gute Nacht sagte, so huschte der Husch schnell aus seinem Bett, setzte sich oben auf den Kleiderschrank und sah stillvergnügt zu, wie seine Eltern nach ihm liefen und riefen. Am schlimmsten aber war es in der Schule. Eben hatte der Lehrer ihn etwas gefragt, und jetzt wollte er ihn noch etwas fragen, eben hatte der Lehrer den Husch noch gesehen, und jetzt war er fort, saß fünf Bänke weiter zwischen den Füßen der Mitschüler. Denn er war unten durchgekrochen. Oder er hockte gar unter des Lehrers Pult – dahin war er leise gehuscht, während der Lehrer etwas an die Tafel schrieb. Und so still und heimlich machte er das alles, daß nicht einmal seine Mitschüler etwas davon merkten, sondern daß immer ein großes Wundern und Fragen losging: Wo steckt bloß der Husch? Das war aber gerade seine Hauptfreude.

So ging es eine lange Zeit, und trotz alles Scheltens und Strafens ließ der Husch nicht vom Verstecken. Aber allmählich wurde es doch weniger, denn je länger dies dauerte, um so seltener fand der Husch ein neues Versteck. Ob nun in Haus oder Garten oder in der Schule – mit der Zeit kannten die Großen all seine Verstecke. Da war kein Busch, in dem er nicht schon gesessen, kein Schrank, auf den er nicht schon geklettert, keine Tür, hinter die er sich nicht schon gestellt hatte. War der Husch jetzt weg, so gingen sie einfach von einem bekannten Versteck zum andern, bis sie ihn gefunden hatten. Dann stellten sie sich hin und sagten: "Komm heraus, Husch, und hole dir deinen Backs. Du weißt, du sollst dich nicht verstecken."

Darüber wurde der Husch ganz traurig, nicht wegen der Backse, die taten ja bloß einen Augenblick weh, sondern weil er auch nicht ein heimliches Versteck mehr wußte, in dem sie ihn nicht finden konnten. Er ging umher und sah in jede Schublade und dachte: ›Ja, wenn ich noch so klein wäre, daß ich mich da hineinlegen könnte!‹ – und schaute in jedes Ofenloch mit dem Wunsch, er wäre nicht größer als eine Kohle. Aber es blieb bei dem bloßen Wünschen, es wurde nichts Wirkliches daraus, und darüber wurde der Husch am Ende so verzweifelt, daß ihm nicht einmal die Bratäpfel mehr schmeckten, und wollte der Kaufmann ihm mal Bonbons zugeben, so sagte er bloß: "Och, olle Bonbons!" und nahm sie gar nicht erst. Sondern er hatte Tag und Nacht nur den einen großen Wunsch, daß er sich noch einmal in seinem Leben so verstecken könnte, daß ihn niemand sähe noch fände – wenn ihm das geschähe, wollte er von da an auch ganz zufrieden sein.

Nun begab es sich, daß der Husch an einem Sonntagnachmittag ganz allein zu Haus saß. Seine Eltern waren über Land gefahren, und ins Dorf zu seinen Freunden hatte er nicht gehen mögen, weil es immerzu regnete. Der Husch saß auf einem Stühlchen am Fenster und sah zu, wie es draußen immer mehr und immer größere Blasen auf die Pfützen regnete. Dazwischen malte er aus seinem Tuschkasten ein Bild an, darauf war eine Sonne, ein Mond und viele Sterne, und alle zusammen lachten und tanzten Ringelreihe. Die Sterne aber waren sehr schwierig auszumalen, wegen ihrer vielen Zacken, darum machte der Husch von Zeit zu Zeit eine Erholungspause und sah aus dem Fenster nach dem Regen. Als er nun gerade wieder einmal hochschaute, sah er das Hoftor gehen, als käme einer herein, es war aber keiner zu sehen. Der Hofhund an seiner Kette fuhr hoch, wie wenn etwas Fremdes auf dem Hofe wäre, und blaffte böse. Plötzlich aber winselte er, als habe er einen Schlag bekommen, und kroch angstvoll in seine Hütte.

Das kam dem Husch seltsam vor, rasch huschte er hinter die Gardine und versteckte sich so, daß er auf den Hof hinaussehen konnte, ohne gesehen zu werden. Er sah aber gar nichts. Der Hund hockte winselnd in seiner Hütte, und auf die Pfützen regnete es Blasen. Und doch hatte der Husch das bestimmte Gefühl, es sei da etwas Fremdes auf dem Hof.

Nach einer Weile war es dem Husch, als sähe ein Gesicht von draußen durch die Scheibe im Fenster. Wie sehr er aber auch durch die Gardine blinzelte, er sah nichts als das blanke Glas und den Regen auf dem Hof. ›Das ist doch wunderbar‹, dachte der Husch. ›Da ist jemand und ist doch nicht zu sehen. Wenn der sich versteckt, kann er's noch besser als ich.‹

Indem ging die Küchentür ins Haus hinein. Aber der Husch konnte spähen, daß ihm die Augen vom scharfen Zusehen tränten, er sah keinen hineingehen, und doch ging die Tür so ordentlich wieder zu, als habe jemand auf die Klinke gedrückt. ›Hineingegangen ist bestimmt jemand‹, dachte der Husch, ›wenn ich ihn auch nicht gesehen habe. Nun, wenn der sich verstecken kann, ein bißchen kann ich es auch!‹ Und husch! huschte der Husch in den großen Schrank und zog die Tür fest hinter sich zu. Er wußte aber, daß er durch das Schlüsselloch alles sehen konnte, was in der Stube vorging.

Eine Weile sah er gar nichts als eben die Stube, dann aber sah er, wie langsam und leise die Stubentür nach der Küche hin aufging. Er sah, wie die Klinke niedergedrückt wurde, aber die Hand, die auf der Klinke lag, sah er nicht. Das war doch eine dolle Geschichte! – vor lauter Aufregung und Staunen vergaß der Husch fast das Atmen.

Nun ging die Türe wieder zu, und der heimliche Besucher war wohl in der Stube, aber zu sehen war er darum noch immer nicht. Dafür hörte aber der Husch etwas, er hörte, wie eine ganz rauhe, tiefe Stimme sagte: "Nein, wie schön warm und trocken ist es in so einem Menschenhaus! Das ist ja noch viel besser als die schönste Höhle im Walde!"

Und eine feine Stimme antwortete: "Habe ich dir das nicht gleich gesagt? Sieh dir bloß mal an, was du dir für ein schönes Bett auf dem Sofa da mit all den Kissen und Decken machen kannst!"

›Sieh da! Sieh da!‹ dachte der Husch in seinem Schranke ganz verwundert. ›Es ist also nicht nur einer, es sind sogar zwei, die sich heimlich in unser Haus geschlichen haben! Und alle beide sieht man nicht. Das ist doch wirklich eine wunderbare Geschichte!‹ Und er spähte durchs Schlüsselloch, daß ihm die Augen aus dem Kopf traten.

"Jawohl, das wird ein schönes, warmes Lager für mich werden", sagte wieder die tiefe Stimme. "In diesem Winter brauche ich nicht zu frieren. Aber erst müssen wir dieses Menschengesindel loswerden."

"Das ist doch ganz einfach", sagte die feine Stimme. "Wenn die Frau und der Mann und der Junge zurückkommen, gibst du ihnen einfach mit deiner Tatze was auf den Kopf, daß sie tot umfallen. Dann begraben wir sie im Garten und haben das ganze Haus für uns alleine."

Oh, wie angstvoll wurde dem Husch in seinem Schrank zumute, als er diesen fürchterlichen Plan hörte. Wie gerne wäre er aus dem Schranke gesprungen, wäre ins Dorf gelaufen und hätte die Eltern gewarnt! Aber das konnte er ja nicht. Die unsichtbaren Besucher hätten ihn sicher totgeschlagen, ehe er aus der Stube kam. Er konnte sie ja nicht sehen, sie aber konnten sofort sehen, wenn er nur die Schranktür aufmachte. So beschloß er, still im Schrank auszuharren, vielleicht gab es doch noch eine Gelegenheit, zu entwischen und die Eltern zu warnen.

"Ja, das sagst du so", sagte die tiefe Stimme jetzt ganz brummig. "Bei dir klingt das ganz einfach: Tatze auf den Kopf und tot. Ich aber habe die Arbeit davon! Und vielleicht hat der Mann gar etwas zu schießen in der Tasche und schießt mich tot."

"Du bist doch wirklich nicht sehr klug!" sagte die feine Stimme höhnisch. "Wie kann der Mann dich denn schießen, wenn er dich gar nicht sieht?! Ja, wenn wir die Zauberkappen nicht hätten –! Aber das war eben auch mein kluger Gedanke, sie den Zwergen zu stehlen!"

"Du magst so klug sein, wie du willst", sagte die tiefe Stimme ärgerlich, "ohne mich kannst du nichts machen, und die Hauptarbeit muß ich eben doch tun! Und wenn die Zauberkappen auch ganz nützlich sind, so machen sie auch schrecklich warm auf dem Kopfe. Mich juckt es überall, und ich muß mich jetzt kratzen!"

Der Husch guckte durch das Schlüsselloch, was er gucken konnte. Erst sah er gar nichts, dann sah er etwas wie viele Haare, aber es war gleich wieder weg. Nun aber fiel etwas nieder auf die Erde und – siehst du wohl! – da stand ein riesiger Bär in der Stube, so groß, daß er fast mit dem Kopf an die Decke stieß, und kraulte sich den Schädel mit seinen ungeheuren Tatzen. Dem Husch verging fast das Atmen vor Schreck. So ein böses, wildes Tier hatte er noch nie gesehen! Und wie der Bär nun gar das Maul zum Gähnen aufriß und seine mächtigen Zähne und die dicke, rote Zunge zeigte, da machte der Husch lieber schnell die Augen zu, um das nicht mehr zu sehen, und hielt sich an den Mänteln im Schranke fest, um nicht vor Schreck umzufallen.

Aber hören konnte er deswegen doch noch, und so hörte er, wie die feine Stimme sagte: "Wenn du die Zauberkappe abnimmst, so nehme ich die Kappe auch ab. Die Leute kommen sicher vor Dunkelwerden nicht nach Hause, da können wir noch ein Schläfchen tun. Sieh – daß du es weißt, Bär, hier lege ich die Kappen auf das Tischchen. Da kannst du sie gleich langen, wenn der Mann und die Frau kommen."

"Schön!" sagte der Bär, und der Husch hörte, wie er sich auf das krachende Sofa legte. "Nun will ich noch ein schönes Schläfchen tun, daß ich auch Kräfte genug habe für meine drei Schläge."

Der Husch konnte es nicht lassen, die Neugierde überkam ihn, er hielt sein Auge wieder an das Schlüsselloch, und da sah er neben dem Bären, der sich auf das Sofa geworfen hatte, einen richtigen, roten Fuchs, mit dreieckigem Gesicht, grasgrünen Augen und einer schön geschwungenen Lunte.

"Schnarche aber bitte nicht so, Bär", sagte der Fuchs. "Sonst kann ich nicht hören, wenn die Leute zurückkommen."

"Ich schnarche, soviel ich will!" sagte der Bär patzig. "Wenn ich ordentlich schlafen will, muß ich auch schnarchen können. Setz du dich nur ans Fenster und passe gut auf – dazu bist du ja da!"

Damit drehte sich der Bär auf dem Sofa um, daß der Husch dachte, es müßte zusammenbrechen, und fing an zu schnarchen, daß die Wände wackelten und die Fensterscheiben klirrten. ›Warte nur, du oller Bär!‹ dachte der Husch in seinem Schranke wütend. ›Liegst du mit deinem schmutzigen, nassen Fell auf meiner Mutter schönen, hellen Sofakissen und machst sie ganz dreckig! Warte nur, vielleicht erwische ich dich doch!‹ Und dabei sah er ganz sehnsüchtig nach den beiden Zaubermützen, die nahe beim Schrank auf einem Tischchen lagen.

Aber die waren nicht zu kriegen, denn einmal war die Schranktür dazwischen, zum andern war der Fuchs noch da, und der sah mit seinen listigen, grünen Augen ganz so aus, als ließe er sich nicht so leicht beim Aufpassen betrügen.

Der Fuchs spazierte im Zimmer hin und her und sah sich neugierig alles an. Von Zeit zu Zeit schaute er auch zum Fenster hinaus, und dann bekam der Husch es immer mit der Angst, die Eltern könnten jetzt kommen. Aber jedesmal ging der Fuchs ruhig wieder vom Fenster fort. Einmal versuchte er auch, die Tür nach der Küche aufzumachen, aber das gelang ihm nicht. Dafür war er nicht groß und stark genug, solche Arbeit mußte wohl der Bär bei ihnen besorgen.

Schließlich entdeckte der Fuchs den großen Stehspiegel an der Wand, und der gefiel ihm nun über die Maßen, denn der Fuchs ist ein sehr eitles Tier und sieht keinen lieber als sich selbst. Er stellte sich also vor dem Spiegel auf, genau so feierlich wie der Husch in der Schule, wenn er ein Gedicht vor der ganzen Klasse aufsagen mußte, legte die eine Pfote auf sein Herz, strich sich mit der andern seinen stattlichen Schnurrbart, zwinkerte sich selber freundlich zu und sprach laut zu seinem Spiegelbilde: "Ei, du schöner Fuchs! Ei, du kluger Fuchs! Du gefällst mir ganz ausgezeichnet! Ich liebe dich, Füchslein!"

Dabei machte er, immer noch die Pfote auf seinem Herzen, eine tiefe Verbeugung vor sich selbst, daß dem Husch im Schrank das Lachen ankam, er konnte es nicht mehr halten. Er fuhr zwar gleich mit dem Kopf in die Mäntel, daß es nicht zu hören sein sollte – die feinen Ohren des Fuchses aber hatten doch etwas vernommen. Mit einem Ruck fuhr der Fuchs herum und sprang auf den Schrank zu.

Der Husch hielt die Schranktür von innen zu, der Fuchs arbeitete mit der Pfote von außen daran. Aber er war nicht groß genug, an das Schloß zu langen. Gleich sprang er zum schnarchenden Bären, schüttelte ihn und rief: "Brummbär, ich glaube, es ist wer im Schrank!"

Der Bär schnarchte weiter. So leicht ließ er sich nicht wachkriegen. Der Fuchs schüttelte stärker und schrie lauter. Husch, der merkte, der Fuchs am Sofa sah nicht nach dem Schrank, sondern nur auf den schlafenden Bären, machte die Schranktür nur ein wenig auf, langte hinaus und – wutsch! – hatte er die beiden Zaubermützen vom Tisch gefangen.

Die eine steckte er in die Tasche, die andere setzte er auf den Kopf. Eins, zwei, drei! – Zauberei! – sah er sich selbst nicht mehr, nicht seine Hände, nicht seinen Leib, die Beine nicht, auch keinen Anzug, den er doch anhatte – weg war er und war doch da! Faßte sich an die Nase, zwickte sich hinein. Weh tat es, aber es war nichts zu sehen: keine Hand, die die Nase zwickte, und wie er auch schielte, keine Nasenspitze! Das war eine höchst wunderbare Sache, solche Zaubermütze!

Der Fuchs unterdessen hatte mit Schütteln und Rufen den Bären halb wach bekommen.

"Was willst du denn, Fuchs?" fragte der Bär verschlafen. "Sind die Leute schon da, die ich totschlagen soll?"

"Ich glaube, es ist einer im Schrank, Bär!" rief der Fuchs aufgeregt.

"So sag ihm, daß er rauskommen soll", sprach der Bär. "Dann will ich ihn schon tatzen!"

"Ich krieg die Schranktür nicht auf!" rief der Fuchs.

"Du bist doch zu gar nichts zu gebrauchen, Fuchs", sprach der Bär. "Dann muß ich also aufstehen." Und gähnend setzte er sich auf dem Sofa hoch.

Der Husch hatte schon gemerkt, sie wollten jetzt in den Schrank schauen, schnell war er aus dem Schrank geschlüpft – die beiden sahen ihn ja nicht wegen der Zaubermütze – und eins, zwei, drei hatte er sich oben auf den Schrank gesetzt. Das Auf-den-Schrank-Klettern hatte er ja schon geübt beim Verstecken, das konnte er.

Der Bär sah mit seinen verschlafenen, kleinen, roten Augen den Schrank an. "Fuchs!" sagte er böse. "Was redest du für Sachen! Die Schranktür ist ja offen!"

Der Fuchs sah ärgerlich den Bären an. "Wisch dir doch deine Triefaugen, Bär!" antwortete er. "Ich habe mit meiner Pfote an der Schranktür gewerkt und gearbeitet, sie ging nicht auf."

"Was habe ich für Augen?" brummte böse der Bär und tat einen gewaltigen Tatzenschlag nach dem Fuchs.

Der war aber auf seiner Hut gewesen, machte einen großen Sprung, sah dabei, daß die Schranktür wirklich offenstand, und rief erstaunt: "Wunder über Wunder! Der Schrank steht offen!"

"Siehst du, Fuchs", sagte der Bär zufrieden, "wer hat nun die besseren Augen, ich oder du? Nun wollen wir einmal sehen, ob wenigstens richtig ist, daß jemand im Schranke steckt."

Damit stand der Bär auf und fing an, mit seinen großen Tatzen im Schrank zwischen den guten Kleidern von der Mutter und vom Vater herumzuwühlen. Keiner hatte dem Bären die Krallen im Walde geschnitten, so erging es den Kleidern übel: der Bär riß und fetzte dazwischen, daß das, was er anrührte, gleich in Lumpen hing. Das ärgerte den Husch sehr, er wußte, daß diese Kleider viel Geld gekostet hatten, er hörte, wie Bänder platzten, Aufhänger abrissen ... Vaters Schirm hing außen am Schrank, der Bärenkopf reichte beinahe bis oben ... So nahm der Husch den Schirm und gab mit aller Gewalt dem Bären einen Schlag über den Schädel ...

Knacks! sagte der Schirm und brach mitten durch. Doch eines Bären Schädel ist wie aus Eisen, mit der Tatze fuhr er sich über den Kopf und sprach: "Fuchs, ich glaube, es gibt ander Wetter, die Mücken stechen!"

Der Fuchs indessen schrie ganz aufgeregt: "Bär, ein Dieb ist in der Stube, unsere Zaubermützen sind fort."

Der Bär drehte sich um und sprach unmutig: "Was redest du nur heute für Zeug, Fuchs? Erst weckst du mich, weil die Schranktür zu ist – sie steht aber offen. Dann soll jemand im Schrank sein – es ist aber niemand drin. Nun soll sogar ein Dieb im Zimmer sein – ich sehe ihn aber nicht!"

"Bär!" sagte der Fuchs. "Wenn nun aber der Dieb im Schrank saß?"

"Es saß aber keiner im Schrank!" sagte der Bär.

"Und wenn er dann die Zaubermützen stahl?" fragte wieder der Fuchs.

"Warum hast du sie denn so hingelegt, daß er sie stehlen konnte?" fragte ärgerlich der Bär.

"Und wenn er dann die Zaubermütze aufgesetzt hat?" fragte wieder der Fuchs.

"Und was macht er mit der andern?" fragte dagegen der Bär.

"So kannst du ihn doch nicht sehen!" schloß der Fuchs.

"Da hast du freilich recht, Fuchs!" sagte nach einigem Nachdenken der Bär. "Wenn er die Zaubermütze auf dem Kopf hat, kann ich ihn freilich nicht sehen. – Du hast doch wirklich ein großartiges Verstandeskästlein, alles rauszukriegen, Füchslein. Was aber machen wir nun?"

"Laß mich eine Weile nachdenken, Bär", sagte der Fuchs. "Die Zaubermützen müssen wir wiederbekommen, soviel ist sicher."

"Das müssen wir", sagte auch der Bär. "Sonst können wir hier nicht wohnen bleiben. Und hier will ich wohnen bleiben, denn hier gefällt es mir."

"Aus dem Zimmer ist er noch nicht", sagte der Fuchs nachdenklich. "Stell du dich an die Türe, Bär, daß er nicht raus kann – ich will schon auf die Fenster aufpassen."

So stellte sich der Bär gegen die Tür, der Fuchs aber saß vor den Fenstern und dachte nach. Dem Husch oben auf seinem Schrank wurde himmelangst, denn dem Fuchs traute er zu, daß er ihn trotz der Zaubermütze finge. Und dann würde es ihm sehr schlecht ergehen unter den Tatzen des Bären, das wußte er auch schon.

"Bär", sagte der Fuchs nach einer langen Zeit, und der Husch auf dem Schrank spitzte die Ohren, um auch ganz genau zu hören, welch listiger Plan nun kam. "Bär", sagte der Fuchs traurig.

"Was ist denn, Fuchs?" fragte der Bär. "Was redest du denn so traurig wie eine Eule nachts im Walde?"

"Bär", sagte der Fuchs noch trauriger. "Ist dir denn nichts Schlaues eingefallen?"

"Mir?!" fragte der Bär ganz erstaunt. "Was soll mir denn Schlaues einfallen? Für die Schlauheit bist du doch da, Fuchs!"

"Bär", sagte der Fuchs noch trauriger. "Mir ist auch nichts Schlaues eingefallen. Wie wir es auch anstellen, den Dieb in der Zaubermütze kriegen wir nicht zu sehen, da ist es schon besser, wir gehen in den Wald zurück."

"Ich geh nicht in den Wald zurück!" sagte der Bär trotzig. "Hier ist es warm und trocken, im Walde aber ist es kalt und naß – ich bleibe hier! Und wenn die Leute kommen, schlage ich sie mit meinen Tatzen tot!"

"Wenn du aber keine Zaubermütze aufhast, schießen sie dich tot", sprach der Fuchs, "denn dann können sie dich ja sehen, Bär."

Vor dem Schießen hatte der Bär gewaltige Angst. "Nein, geschossen will ich nicht werden", sagte er. "Das tut weh. Aber hier weggehen will ich auch nicht." Er dachte lange nach. "Weißt du was, Fuchs", sagte er dann. "Ich habe gesehen, draußen im Küchenherd ist Feuer. Rücken wir hier die Möbel zusammen, stecken wir sie in Brand, schließen wir die Tür ab – verbrennt der Dieb. – Siehst du, da habe ich nun auch einmal einen schlauen Gedanken gehabt, Fuchs!"

"Das hast du, Bär", sagte der Fuchs lobend. "Da hast du einen Gedanken gehabt, so groß und dick, fast wie dein Kopf." Dem Husch, als er das hörte, wurde auf dem Schranke sehr angst. Er fürchtete, er würde nun gleich verbrannt werden ...

"Aber, Bär", fuhr der Fuchs fort, "ich fürchte, es wird doch nicht gehen. Wenn wir den Dieb verbrennen, verbrennen wir mit dem Dieb nicht auch die Zaubermützen? Und verbrennen wir nicht auch mit den Zaubermützen das ganze Haus, in dem wir doch wohnen möchten? Nein, nein, Bär, es bleibt uns nichts übrig. Der Dieb ist schlauer gewesen als wir, wir müssen in den Wald zurück."

Als der Bär das hörte, setzte er sich – plumps! – auf den Boden, wo er stand, steckte die Hinterpfote ins Maul, fing an ihr zu lutschen an, weinte los und schrie: "Ich will aber nicht in den Wald! Ich will in dem schönen, warmen Haus bleiben! Ich will nicht wieder frieren und hungern!"

"Nun, nun, Bär", sagte der kleine Fuchs begütigend zu dem großen Bären, "weine bloß nicht so! Das hilft nun alles nichts, in den Wald mußt du wieder. Sei ein artiger Bär und komm mit mir!"

Der Bär weinte, daß ihm die blanken Tränen über die Nase liefen, aber er ließ sich ganz brav vom Fuchs am Ohr aus der Stube führen. "So ist es recht, Bär", lobte der Fuchs. "Aber damit du doch noch eine Freude hast: ehe wir beide wieder in den Wald ziehen, gehen wir jetzt in den Schweinestall. Du schlägst ein Schwein tot, und wir essen einen schönen, fetten Schweinebraten!"

"Jawohl, Schweinebraten!" weinte der Bär und fing zwischen seinen Tränen doch schon wieder an zu lachen. "Schönen, fetten Schweinebraten – eia! Eia!"

Und damit gingen die beiden aus dem Zimmer. Der Bär wackelte auf seinen vier dicken, krummen Beinen und ließ sich ganz geduldig von dem aufrecht schreitenden Fuchs am Ohre führen. Dann machten sie die Tür nach der Küche zu, und der Husch auf dem Schranke oben war wieder allein.

"Das ist noch einmal gutgegangen", dachte er, aber ganz traute er den beiden doch noch nicht recht. Er kletterte vom Schrank, ging ans Fenster und sah hinaus. Er sah nichts als den leeren Hof, in den Pfützen pladderte der Regen. "Sind die beiden nun vorbei oder sind sie nicht vorbei –?" überlegte er. Aber weil der Hund nicht gebellt hatte, dachte er, sie sind noch nicht vorbei. Er horchte, aber er hörte kein Schwein quieken, und ein Schwein quiekt doch gewaltig, ehe es stirbt.

"Also sind sie auch nicht in den Stall gegangen", überlegte er. "Also sitzen sie noch in der Küche. Also hat sich der Fuchs bloß verstellt, und sie lauern auf mich. Also kann ich auch nicht hinaus, und ich müßte doch hinaus und die Eltern warnen. Denn wenn die ganz ahnungslos kommen und der Bär und der Fuchs sitzen in der Küche, es möchte ihnen übel ergehen. Was mach ich bloß?" überlegte er. "Aus dem Fenster komme ich auch nicht. Wenn ich das aufmache, sehen sie's aus der Küche. Der Bär stellt sich davor, und ich mag unsichtbar hinauskriechen, er fühlt mich doch – ein Schlag, und ich bin weg!"

So überlegte der Husch und grübelte in seinem Kopf, und es war ihm, als könnte er gar keinen Ausweg finden, müsse als Gefangener sitzen in der Stube und vielleicht gar mit anhören, wie die lieben Eltern in die Gewalt des Bären und des Fuchses gerieten. Plötzlich aber fiel ihm etwas ein. Er griff in die Tasche und zog die zweite Zaubermütze heraus. Nun holte er den entzweigebrochenen Schirm des Vaters – ein bißchen hielt er ja noch. Leise, leise ging er zur Küchentür und lauschte. Erst hörte er nichts, dann meinte er den Bären schnaufen zu hören.

Richtig! Jetzt flüsterte der Bär gar: "Du, Fuchs!"

"Pssst!!" machte der Fuchs.

Der Bär war ruhig. Nach einer Weile aber hielt er es doch nicht mehr aus, wieder flüsterte er: "Du, Fuchs!"

"Pssst!!" machte der Fuchs.

"Ich will doch bloß was sagen!" maulte der Bär.

"Stille sollst du sein!" sagte der Fuchs.

"Du, Fuchs!" machte der Bär.

"Pssst!!!" zischte der Fuchs böse.

"Ich will doch bloß sagen, daß er nicht kommt", sagte der Bär.

"Pssst!" machte der Fuchs.

"Du, Fuchs!" rief der Bär.

"Bist du jetzt ruhig?!" schrie der Fuchs wütend.

"Hast du's gehört, Fuchs?" fragte der Bär.

"Was denn –?" fragte der Fuchs.

"Was ich gesagt habe", sagte der Bär. "Ob du das gehört hast?"

"Du sollst aber gar nichts sagen!" schrie der Fuchs wieder ganz wütend.

"Aber ich hab doch nur gesagt, daß er nicht kommt", meinte der Bär.

"Pssst!" machte der Fuchs.

"Du, Fuchs?" fragte der Bär.

"Was denn schon wieder?" flüsterte der Fuchs. "Kannst du denn gar nicht das Maul halten, Bär?"

"Fuchs!" flüsterte der Bär. "Die Klinke bewegt sich."

"Seh ich", sagte der Fuchs. "Sei jetzt bloß still."

"Du, Fuchs!" sagte der Bär.

"Was denn nun schon wieder?" fragte der Fuchs ärgerlich.

"Die Tür geht einen Spalt auf", flüsterte der Bär.

"Ich habe selber Augen", schalt ärgerlich der Fuchs. "Sei jetzt nur still und schlag zu, wenn ich pfeife."

"Ja, Fuchs", sagte der Bär.

So warteten die beiden. Die Tür aber ging nur ein kleines bißchen auf und hindurch kam der Schirm, von dessen Ende etwas baumelte.

"Du, Fuchs", flüsterte der Bär, "es ist bloß ein Schirm."

"Warte nur, Bär", sagte der Fuchs ungeduldig, "die Tür wird schon weiter aufgehen."

"Pfeifst du dann?" fragte der Bär.

"Dann pfeif ich", sagte der Fuchs. "Sei jetzt nur ruhig, Bär."

"Ja, Fuchs", sprach der Bär. "Da baumelt was."

"Ich seh's auch", sagte der Fuchs. Indem hatte er aber erkannt, was das war, und rief: "Schlag zu, Bär!"

"Fuchs", sagte der Bär und schlug nicht zu. "Wolltest du nicht pfeifen?"

"Schafskopf!" rief der Fuchs und sprang hoch, "es ist die Zaubermütze." Da hatte er sie schon im Maule.

"Die Zaubermütze?" rief der Bär. "Die will ich haben."

"Ich habe sie gehascht!" rief der Fuchs. "Und ich setze sie auch auf."

"Du hast aber nicht gepfiffen, Fuchs!" rief der Bär. "Hättest du gepfiffen, hätt ich zugeschlagen und hätte die Mütze gehabt. Gib sie also mir!"

"Ich denke ja gar nicht daran!" rief der Fuchs und setzte die Mütze auf. Weg war er!

"Wo bist du, Fuchs?" rief der Bär wütend. Während dieses Streites hatten die beiden gar nicht mehr auf die Tür geachtet, und so war der Husch leise und unbemerkt in die Küche geschlichen, und hätte nun ganz leicht hinaus und zu den Eltern gekonnt. Das hatte er ja auch eigentlich gewollt, und darum hatte er denen ja auch die Zaubermütze gelassen, daß sie nicht mehr auf ihn achteten. Wie er die beiden aber nun so schön streiten und den Bären immer rufen hörte: "Wo bist du, Fuchs?", der Fuchs aber antwortete gar nicht, weil er die Zaubermütze nicht hergeben wollte – da kam ihm der Gedanke, ob er nicht allein mit den beiden fertigwerden könnte.

Als der Bär also wieder rief: "Fuchs, wo bist du?", machte der Husch seine Stimme so fein wie die des Fuchses und rief: "Hier, Bär!"

"Wo, Fuchs?" fragte der Bär.

"Auf der Herdplatte, Bär", rief der Husch mit der Stimme des Fuchses, "mir die Keulen wärmen!"

"Glaub ihm nicht!" rief der richtige Fuchs. Aber da war es schon zu spät: der Bär hatte mit seinen Pfoten auf die heiße Herdplatte gehauen und brüllte vor Schmerz.

"Siehst du wohl, das kommt davon!" schrie der Husch und tanzte vor Freude in der Küche herum. Aber das hätte er lieber nicht tun sollen, denn aus seinen Rufen merkte der Fuchs, wo er war, fuhr auf ihn zu und zwickte ihn kräftig in die Beine. Da wurde aus Lachen Weinen, der Husch brüllte, der Fuchs zwickte, und der Bär fuhr herzu, die Tatzen schwingend, mit dem lauten Gebrüll: "Wo ist er? Ich schlag ihn tot!"

"Hier!" schrie der Fuchs, machte beim Schreien das Maul auf und mußte also den Husch loslassen.

Schwupp! sprang der Husch beiseite!

Bumms! traf der Schlag des Bären den Fuchs!

Klatsch! fiel der böse Fuchs um!

Tüt! fiel die Zaubermütze ihm vom Kopf!

Schnetterdipeter! Schnetterdipeter! machten noch seine Beine, als wollte er fortlaufen.

"Schafskopf, Bär!" sprach er noch. "Nun hast du mich totgeschlagen!" und starb.

Husch! sprang der Husch und raffte die Zaubermütze des Fuchses vom Boden.

"Au weh! Liebes, liebes Füchslein, leb noch ein Weilchen!" klagte der Bär.

Eine Gabel lag auf dem Küchentisch – pieks! stach sie der Husch dem Bären in den Hintern.

"Aua!" schrie der Bär. "Was piekt denn da?!" und drehte sich um.

Hopp! war der Husch auch herumgesprungen und piek! hatte er zum zweiten Male zugestochen.

"Pieken Sie nicht so!" schrie der Bär. "Oder ich hau!"

Bumm! schlug er zu und traf den Küchentisch.

Knacks! sagten die Beine vom Küchentisch und brachen ab.

Plauz! fiel der Tisch dem Bären auf die Füße.

"Hoppla!" sagte der Bär. "Das tut weh!"

Pieks! stach der Husch zum dritten Male.

"Ich zieh ja schon aus!" rief der Bär. "Im Walde sticht mich keiner in den Po!"

"Aber fix!" rief der Husch und stach noch einmal.

"Ich renn ja schon!" rief der Bär und rannte auf den Hof.

Blaff! Wauwau! fuhr der Hofhund aus der Hütte und biß den Bären ins Bein. Pieks! stach der Husch zum fünften Male.

"Gemeine Bande!" brüllte der Bär und rannte auf den Wald zu, was er nur rennen konnte.

"Wer läuft denn da so schnell?" fragten verwundert des Husch Eltern, die grade auf den Hof traten.

"Der böse Bär", sagte der Husch.

"Wo bist du denn, Husch?" fragten die Eltern. "Du sollst dich doch nicht immer verstecken!"

"Ich habe doch die Zaubermütze auf!" sagte der Husch.

"Was für eine Zaubermütze?" fragten die Eltern und traten ins Haus.

"Was liegt denn da?" fragte die Mutter.

"Ein toter Fuchs!" wunderte sich der Vater.

"Wer hat denn meinen Küchentisch zerschlagen?" klagte die Mutter.

"Und meinen Schirm zerbrochen?" schalt der Vater.

"Wer hat denn alle Kleider zerrissen?" weinte die Mutter.

"Und wer hat das Sofa beschmutzt?" zürnte der Vater.

"Husch, wo bist du?" riefen beide Eltern.

"Unter der Zaubermütze!" rief der Husch.

"Du sollst dich doch nicht verstecken, Husch!" riefen sie wieder. Da nahm der Husch die Zaubermütze ab, trat vor seine Eltern und erzählte ihnen alles, was geschehen war. Da wunderten sie sich sehr, und sie herzten und küßten ihn, weil er so mutig gewesen war und den Bären vertrieben hatte. "Aber richtiger wäre es doch gewesen, Husch, du wärest zu uns gelaufen und hättest dich nicht weiter versteckt. Dann hätten wir den Bären erschossen, könnten das Fell verkaufen und hätten ein bißchen Geld."

Das sah der Husch auch ein, und er war auch einverstanden, als der Vater sagte: "Die Zaubermützen müssen wir den Zwergen wiedergeben, die hat ja der Fuchs ihnen bloß gestohlen. Und sonst kannst du auch das Verstecken gar nicht mehr lassen, Husch!"

Da legten sie die beiden Zaubermützen unter den Apfelbaum, und am nächsten Morgen lagen dafür hundert blanke, neue Silbertaler da und ein Zettel mit der Aufschrift: "Als Dank von den Waldzwergen."

Da kauften die Eltern von dem Geld einen neuen Küchentisch, einen neuen Schirm und viele neue Kleider. Die Sofakissen aber wurden nur ausgewaschen. Und aus dem Fell des Fuchses machte die Mutter dem Husch einen Bettvorleger, und so trat er jeden Abend den bösen Fuchs mit den Füßen, in die ihn der

Fuchs gezwickt hatte. Das machte ihm viel Freude. Der Bär aber traute sich nie wieder in die Häuser der Menschen, lebte jämmerlich im Walde und wurde endlich von einem Jäger totgeschossen. Als der Jäger aber die Haut des Bären abzog, fand er in ihr hinten zwanzig feine Löcher, immer vier nebeneinander, fünfmal – und er wunderte sich sehr und konnte gar nicht raten, woher diese Löcher wohl kämen. Wir aber wissen es!

Geschichte von der gebesserten Ratte

Unter einem Schweinestall wohnte einmal eine alte Ratte, die vielen Schaden mit Gängegraben anrichtete und den Schweinen das Futter wegfressen tat. Ja, wenn einmal die Muttersau nicht aufpaßte, nagte die Ratte sogar aus lauter Bosheit die neugeborenen Ferkel an. Die Leute auf dem Hofe stellten der Ratte auch allerwege mit Gift und Fallen nach, aber die alte Ratte war listig und ließ sich weder fangen noch vergiften.

Nun begab es sich eines Tages im bitterkalten Winter, daß die Ratte in ihrem Erdloch unter dem Steinpflaster jämmerlich fror. Da bedachte sie ihre einsame und bedrängte Lage und sprach bei sich:

›Was für ein jämmerliches Leben führe ich doch eigentlich! Überall sind Fallen für mich aufgestellt, ich kann gar nicht achtsam genug gehen und muß stets überall meine Augen haben. Finde ich aber wirklich einmal einen schönen, lecker gebratenen Fleischbrocken und freue mich auf das gute Essen, so muß ich schließlich stets das böse Gift in ihm riechen und ihn liegenlassen. Immerwährende Sorge und Hunger und Angst sind mein Leben. Wie gut haben es dagegen die Tiere, die sich unter den Schutz des Menschen gestellt haben, der Hund, die Katzen, die Schweine, Kühe und Pferde. Pünktlich alle Tage bekommen sie ihr Futter, ja, der Mensch putzt ihnen sogar das Fell und sorgt für ihr warmes Bett. Sogar die Vögel, die ihm den Sommer hindurch mit Picken und Naschen doch gewiß Schaden genug tun, vergißt er nicht und füttert sie den ganzen Winter hindurch. Was solch jämmerliche Kohlmeise bekommt, das steht mir doch gewiß auch zu, und so will ich denn meinen Frieden mit den Menschen machen und Freundschaft mit ihnen schließen.‹

Als die Ratte sich das überlegt hatte, wartete sie einen Augenblick ab, in dem der Hund nicht recht aufpaßte, und lief eilig vom Stall über die Hofstatt zum

Wohnhaus. ›Nein, wie schön warm und gemütlich ist das hier!‹ dachte sie bei sich, als sie ins Zimmer kam. ›Viel besser als in meinem kalten, dunklen Stall. Hier will ich bleiben.‹ Und sie pfiff freundlich.

Der Hausherr, der grade mit seiner Familie beim Essen saß, hörte das Pfeifen, blickte auf und sah die Ratte. "Nein, so was!" rief er, sprang auf und hielt die Gabel in der Hand, "kommt einem das Teufelsgetier nun gar schon ins Haus gelaufen. Na, warte nur!" Und er schickte sich an, mit der Gabel nach der Ratte zu werfen.

"Bitte, einen Augenblick!" sprach die Ratte. Sie hatte sich auf die Hinterbeine gesetzt und sprach so manierlich, wie esnur eine alte Ratte kann. "Ich komme nämlich in Geschäften und möchte einen Vertrag mit dir schließen, Hausherr! Ich habe mir das überlegt: ich will mich jetzt bessern und Frieden mit dir schließen."

"Nanu", sagte erstaunt der Hausherr.

"Ja", sprach die Ratte feierlich und verdrehte vor Rührung über ihren eigenen Edelsinn die Augen im Kopfe, daß ihr fast die Tränen kamen. "Ich verspreche feierlich: Ich will unter dem Schweinestallpflaster keine Gänge mehr graben. Ich will den Schweinen das Futter nicht mehr wegfressen, und ich will auch die Ferkelchen nicht mehr annagen, wenn sie auch noch so rosig sind."

Der Ratte kamen nun wirklich die Tränen, als sie aufzählte, auf was alles sie verzichten wollte, bloß um mit den Menschen Frieden zu schließen.

"Schön von dir, Ratte!" sprach der Hausherr. "Aber ich glaube dir nicht. Du führst bestimmt etwas Böses im Schilde."

Die Ratte versicherte, sie tue das nicht. Eine Gegenleistung, freilich nur eine kleine, müsse sie allerdings verlangen, daß sie nämlich hier im Hause wohnen dürfe und dreimal täglich ihr reichliches Futter bekomme. "Gebratenes Fleisch esse ich sehr gerne", sprach die Ratte bescheiden. "Und wenn es ein bißchen stinkerig ist, schmeckt es mir noch besser."

"Ach so, Ratte!" lachte der Hausherr. "Das verlangst du also? Das Leben im Stall ist dir wohl unter all den Fallen und dem Gift ein bißchen zu gefährlich geworden? Nein, Ratte, daraus kann nichts werden, wir beide, Mensch und Ratte, wir müssen Feinde bleiben."

"Nun", sagte die Ratte höflich. "Ich verlange gar nichts Unbilliges. Du gibst ja auch den andern Tieren, die sich unter deinen Schutz begeben haben, Essen und Wohnung."

"So hast du dir das also gedacht", sprach der Hausherr. "Aber du hast vergessen, Ratte, daß zwischen dir und den andern Tieren ein großer Unterschied besteht. Sie bekommen ihr Futter ja nicht umsonst, sie tun auch etwas dafür. Das Pferd spanne ich vor meinen Wagen, und es zieht Lasten oder den Pflug durch das Land. Die Kuh gibt mir ihre Milch und alle Jahre auch noch ein Kälbchen dazu; das Schwein beeilt sich, groß und fett zu werden, damit ich nur bald wieder Wurst und Schinken habe. Unermüdlich paßt der Hund Tag wie Nacht auf, daß sich kein Dieb auf den Hof schleicht, jeden Fremden meldet er mit lautem Gebell an. Auf leisen Pfoten pirscht die Katze durch das Haus, immer bemüht, mich vor Mäuseschaden zu bewahren – und was tust du für mich, Ratte, daß ich dir dafür Kost und Wohnung geben soll –?"

So frech die Ratte sonst war, jetzt schaute sie doch etwas verlegen drein. Denn auf den Gedanken war sie noch nicht gekommen, daß sie für ihr Futter auch etwas arbeiten müsse. Grade zur rechten Zeit fielen ihr noch die Vögel ein. "Und wie ist es denn mit den Vögeln, Hausherr?" verlangte sie zu wissen. "Das unnütze Flattergetier fütterst du doch auch den ganzen Winter hindurch, ohne daß es irgendeine Arbeit für dich tut?"

"Im Winter wohl nicht, da hast du recht, Ratte", antwortete der Hausherr. "Aber den ganzen Sommer über sind sie unermüdlich tätig für mich, fangen die Fliegen und Mücken, töten die Raupen, picken die Schmetterlingseier – ohne die Vögel würde ja bald keine Pflanze in meinem Garten geraten, kein Apfel auf dem Baum ohne Wurmstich reif werden. – Nein, Ratte, wenn dir nichts einfällt, was du für mich tun kannst, so wird aus unserm Frieden nichts werden."

Jetzt saß die Ratte ganz kleinlaut da; daß sie nicht einmal soviel wert sein sollte wie ein armseliger Vogel, das hätte sie nicht gedacht. Schließlich sagte sie ganz bescheiden: "Ich habe sehr schöne, starke Zähne, so scharfe wie kaum ein anderes Tier. Wenn ihr hier im Hause vielleicht etwas zu beißen oder zu zernagen hättet? Ich könnte auch die schönsten, die dunkelsten, die gemütlichsten Gänge unter den Dielen nagen."

"Untersteh dich, Ratte!" rief der Hausherr und hob drohend die Gabel. "Wir sind froh, daß wir ein heiles Haus mit festen Dielen haben, wir brauchen keine Rattengänge. – Weißt du sonst noch etwas, was du für uns tun könntest?"

Die Ratte überlegte sich den Fall wieder eine Weile, dann sagte sie: "Ich habe einen besonders schönen, langen, nackten Schwanz – vielleicht könnte ich der Hausfrau mit dem ein bißchen behilflich sein, den Staub wischen und die Suppen umrühren?"

"Um Gottes willen!" rief die Hausfrau und ekelte sich sehr. "Gib das bloß nicht zu, Mann! Wer möchte denn noch eine Suppe essen, die dieser eklige nackte Schwanz umgerührt hat?!"

Nun aber war die Ratte beleidigt. Sie hielt sehr viel von sich, bildete sich etwas ein auf ihre Schlauheit und List, und hatte hier doch nur kränkende Reden gehört und war niedriger eingeschätzt worden als der jämmerliche Vogel. "Ich verstehe nicht", sprach die Ratte also sehr gekränkt, "was an meinem Schwanz eklig sein soll – es ist ein besonders schöner Schwanz, jedes Rattenfräulein hat ihn noch zum Verlieben gefunden. Aber ich sehe ja nun, man würdigt hier meine guten Absichten nicht, und so bleibt mir denn nichts übrig, als daß ich wieder in den Stall gehe, meine Gänge unter dem Pflaster grabe, das Schweinefutter fresse und die rosigen Ferkel annage. Ihr habt die Freundschaft mit mir nicht gewollt, also scheltet nun auch nicht auf mich, wenn ich weiter euer Feind bin!" – Damit schickte sich die Ratte an, zu gehen.

"Einen Augenblick noch, Ratte!" rief der Hausherr. Er bedachte nämlich, daß die Ratte ihm, wenn sie jetzt im Zorn ginge, noch viel mehr Schaden tun würde als bisher, und daß sie als schlaues Tier weder mit Gift noch mit Fallen zu töten war. Da schien es dem Hausherrn ein kleineres Übel, sie gegen ein geringes Futter im Hause zu behalten, wenn sie nur auch hielt, was sie versprach. Also fragte er: "Wirst du denn auch halten, Ratte, was du versprichst, wenn ich dich hier im Hause habe? Nichts annagen, nichts verderben, nichts naschen, mir keinerlei Schaden oder Schabernack tun, sondern immer an meinen Nutzen denken?"

"Was ich verspreche, das halte ich auch", sprach die Ratte sehr mürrisch. "Aber meinen Schwanz lasse ich nicht schlechtmachen, es ist ein schöner Schwanz."

"Mit deinem Schwanz hat es die Hausfrau nicht bös gemeint, Ratte", tröstete sie der Hausherr. "Meine Frau ist eben an ihre Rührlöffel und Staubpinsel gewöhnt, darum gefallen die ihr besser. – Wenn ich dich aber hier behause und beköstige, Ratte, so mußt du auch etwas dafür tun, in meinem Haushalt kann ich keinen faulen Fresser dulden."

"Sage nur, was ich tun soll", sprach die Ratte, die schon wieder ganz eingebildet wurde, als sie merkte, der Hausherr wollte sie doch behalten. "Was ein anderer tut, das kann ich auch tun."

"Nein, das wollen wir nicht so sagen, Ratte", meinte der Hausherr lächelnd. "Denn zu irgendwelcher nützlichen Arbeit bist du doch nicht zu gebrauchen. Aber wie wäre das, Ratte –? Ich sehe dich da ganz manierlich auf den Hinterbeinen sitzen, pfeifen kannst du auch – wie wäre es, Ratte, wenn du zur Belustigung der Kinder dann und wann ein bißchen tanzen und pfeifen würdest –? Viel wäre das ja nicht, aber doch etwas!"

Eigentlich war die Ratte schon wieder schwer beleidigt, daß sie, die kluge, alte, listige Ratte, tanzen und pfeifen sollte, damit die Kinder was zu lachen hätten. Aber sie dachte an ihr gefahrenreiches Leben im Stall, und da willigte sie denn ein. So machten die beiden den Vertrag, daß Friede herrschen sollte zwischen Hausherrn und Ratte. Der Hausherr aber bedingte sich aus, daß der Vertrag erst einmal auf Probe gelten sollte, denn er traute der Ratte immer noch nicht ganz. Erst wenn sie sich eine Woche gut geführt und keinen Schaden gemacht hätte, sollte der Vertrag Gültigkeit bekommen und Mensch und Ratte auf ewige Zeit Freunde sein.

So wurde denn der Ratte ein Kistchen mit Heu in die Küche gestellt, darin sollte sie wohnen, und in der Küche sollte ihr Aufenthalt sein. Am ersten Tage gefiel es ihr dort auch sehr wohl. Es war warm und trocken, es standen keine Fallen dort, kein Gift war zu fürchten, sondern in einem reinen, irdenen Schüsselchen stand immer ein wenig Futter für sie bereit, mal ein Kleckschen Kartoffelbrei mit zerlassener Butter, mal ein Gemüserestchen, in dem auch ein paar Stücke gebratenes Fleisch verborgen waren. Der Ratte gefiel es ausgezeichnet, und wenn die Kinder kamen und verlangten, sie solle tanzen, so tat sie auch das gerne, und es störte sie gar nicht, wenn die Kinder lachten. Sondern sie sagte sich: ›Ein bißchen Bewegung nach soviel Essen ist sehr gesund, und die Kinder sind ja noch dumm, sie können noch nicht verstehen, wie schön ich tanze.‹

Am zweiten Tage war's schon nicht mehr so herrlich wie am ersten. Die Ratte schnupperte nur am Futternapf und sagte ohne Hunger: "Schon wieder Kartoffelbrei – die Leute kochen hier wohl alle Tage dasselbe!" Vor den Küchenfenstern war ein schöner, klarer, sonniger Wintertag, und die Ratte dachte mit einiger Sehnsucht daran, wie behaglich sie an solchen Tagen vor ihrem Loch am Stall in der Sonne gesessen und dann und wann einen kleinen, interessanten Spaziergang über den Misthaufen gemacht habe.

"Ach ja, ach ja, solch Stubenleben ist auch recht schwer!" seufzte die Ratte und fing vor lauter Langerweile an, ihr Wohnkästchen zu benagen. Aber die Hausfrau hörte das Knabbern, rief scharf: "Laß das, Ratz!", und die Ratte mußte es lassen.

Sie lauerte aber darauf, daß einmal die Tür von der Küche zum Zimmer aufstünde, und als es soweit war, schlüpfte sie leise hinüber. Im Zimmer war keiner, und so konnte sich die Ratte, die sehr neugierig war, alles mit der größten Genauigkeit ansehen. Sie kletterte auf jeden Tisch, und wo eine Schranktür offenstand, schlüpfte sie auch in die Schränke und betrachtete sich genau, was in den Schränken war. Sie kroch im Regal hinter die Bücherreihen, kletterte an den Gardinen hoch und sah sich das Zimmer von oben an. Und hinter jedes Sofakissen schlüpfte sie auch. So ging sie von Zimmer zu Zimmer, und da war kein Bett, in das sie nicht gekrochen wäre, keine Waschschüssel, die sie nicht als Schwimmbassin versucht hätte, kein Hausschuh, den sie nicht als Bett ausprobiert hätte.

Die Hausfrau war eine sehr ordentliche Hausfrau, ihre Wohnung strahlte und blitzte nur so von Sauberkeit – aber das war es ja gerade, was der Ratte so mißfiel! ›Nein, was sind diese Dielen glatt und glänzend!‹ sagte sich die Ratte, als sie über den Boden lief. ›Da kann man ja ausrutschen! Hier müßte überall ein bißchen Stroh und Mist liegen, das wäre doch viel gemütlicher!‹ Und weil kein Stroh und Mist da waren, ließ sie wenigstens schnell ein Kleckschen fallen.

Als sie hinter dem Sofakissen sah, meinte sie: "Außen ist es glatt und kühl, aber innen scheint es weich und mollig zu sein. Man müßte das Innerste nach außen kehren!" Und sie machte schnell ein Loch in den Bezug, freute sich, als die Federn herauskamen, und machte ein kleines Bett aus ihnen. "So!" sagte sie zufrieden. "Die Menschen haben auch gar keine Ahnung, wie man es sich gemütlich macht! Ich muß ihnen das erst einmal richtig zeigen!"

Im Federlager war es der Ratte warm geworden, sie sprang gleich in die nächste Waschschüssel und nahm ein kühles Schwimmbad. "Ei, was tut das gut!" sagte sie. "Die Sauberkeit ist auch nicht zu verachten!" Und sie wälzte sich zum Abtrocknen in der Asche, die vor dem Ofen vom Heizen her in einer Schippe stand. Dann kroch sie in das nächste Bett.

So hinterließ die Ratte überall Spuren ihrer Tätigkeit, aber sie dachte sich nichts Böses dabei. Sie war eben eine Ratte, kein Mensch, und vom Stall her war sie auch nichts Besseres gewohnt. Am Abend aber wurde die Ratte vor den Hausherrn gerufen und von der Hausfrau bitterlich verklagt. Da wurde alles erwähnt und nichts ausgelassen, von dem Kleckschen auf den Dielen an über das Federlager bis zu der ekligen Aschenspur, im Bett. Die Hausfrau war sehr böse, und der Hausherr machte ein ganz grimmiges Gesicht und fragte sehr finster: "Warum hast du das getan, Ratte? Du hast doch gelobt, mir keinen Schaden zu tun?"

Die Ratte ließ Anklage, Zorn und Grimm ruhig über sich ergehen und antwortete ganz kaltblütig, daß sie doch nichts Böses im Sinne gehabt habe. Dies sei nun einmal so ihre Art, und von ihrer Art könne sie ebensowenig lassen wie der Mensch von der Menschenart.

Der Hausherr sah nun, daß die Ratte wirklich nicht aus Bosheit so gehandelt hatte, sondern allein aus Neugierde und ihren schlechten Stallgewohnheiten, und er bedachte, daß man sie darum nicht so ohne weiteres als Feindin zu den Schweinen zurückschicken könne. Er sagte aber trotzdem streng: "Habe ich dir aber nicht gesagt, du sollst nicht aus der Küche gehen?"

Die Ratte lächelte listig und fragte den Hausherrn dagegen: "Und wer hat denn die Tür von der Küche zur Stube offengelassen – und alle anderen Türen auch? Ich bin neu hier im Haus und weiß nicht, wo die Küche aufhört und die Stube anfängt, wenn keine Wand dazwischen ist."

Über diese unverschämte Antwort mußte der Hausherr fast lachen, die Hausfrau aber, die die Türen offengelassen hatte, lief vor Zorn ganz rot an und war von Stund an die erbittertste Feindin der Ratte. Die aber wurde noch einmal vom Hausherrn streng ermahnt, sich in die Art des Hauses zu schicken, nicht aus der Küche zu gehen und keinen Unfug zu machen, sonst könne aus dem ewigen Vertrag nichts werden. Die Ratte versprach auch Gehorsam und ging artig wieder in ihr Kistchen am Küchenherd, wo sie sich zusammenrollte und friedlich einschlief.

Der dritte Tag kam, und an ihm erwies es sich, daß es nicht gut ist, in einem Hause die Hausfrau zur Feindin zu haben. Die hatte nämlich noch nicht ihren Zorn auf die Ratte vergessen und setzte ihr bloß ein Wassersüppchen hin, ohne Saft und Kraft gekocht, aber mit sehr viel Salz gewürzt. Die Ratte kostete davon und fand, das Süppchen schmeckte abscheulich. Die Frau, die die Ratte am Futternapf sitzen, aber nicht fressen sah, sagte: "Schmeckt es nicht, Ratz? Ja, für Nichtstuer und Schmutzmacher habe ich keine bessere Kost."

Die Ratte hörte am Ton der Rede und sah an den Augen der Hausfrau, daß sie böse war. Da erwachte die eigne Bosheit der Ratte, und sie sann auf eine List, wie sie die Hausfrau recht ärgern könne, ohne sich dadurch aber beim Hausherrn in Gefahr zu bringen.

Als die Hausfrau nun von der Küche in die Stuben ging, dort reinzumachen, sprang die Ratte listig hinten an der Hausfrau hoch und hängte sich an ihr langes Schürzenband, ohne daß die Hausfrau etwas davon merkte. Sie machte die Küchentür recht schön fest zu, aber das half ihr nichts, die Ratte hing fest am Schürzenband. Als die Hausfrau nun beim schönsten Fegen war, pfiff die Ratte hinten an ihrem Schürzenband, wie eben Raffen pfeifen. Die Hausfrau fuhr herum – aber am Schürzenband fuhr die Ratte mit herum, und so bekam die Hausfrau keine Ratte zu sehen. "Hier hat doch eben eine Ratte gepfiffen!" sagte die Hausfrau und suchte, fand aber keine Ratte.

Schließlich dachte die Hausfrau, sie habe sich geirrt, ergriff von neuem den Besen und machte sich wieder ans Kehren. Gleich pfiff die Ratte zum zweitenmal! Die Hausfrau läßt den Besen fallen, sucht – umsonst! Sie denkt, die Ratte ist im Zimmer versteckt, läuft, so schnell sie kann, in die Küche, am Schürzenband die Ratte kommt ebenso schnell mit. Wie die Hausfrau die Küchentür aufmacht, läßt die Ratte das Schürzenband schnell los, huscht unter dem Küchentisch durch und liegt schon im verstellten Schlaf in ihrem Kistchen, als die Hausfrau hineinschaut.

›Muß ich mich doch geirrt haben‹, denkt die Frau. ›Die Ratz schläft ja ganz friedlich!‹ Sie geht zurück an ihre Arbeit, die Ratte hängt schon wieder am

Schürzenband. Sie ergreift den Besen, die Ratte pfeift. Sie läßt den Besen fallen und sucht: keine Ratte ist zu sehen. Kehrt wieder, wieder pfeift die Ratte. Sie rennt in die Küche: die Ratte schläft.

So trieb es die listige Ratte an diesem Tage mit der Hausfrau, und sie brachte sie ganz von Sinn und Verstand. Bei dem ewigen Umherlaufen und Suchen wurde keine Arbeit getan, kein Zimmer gesäubert, kein Essen gekocht. Ja, die Ratte trieb zum Schluß ihre Frechheit so weit, daß sie vor den Augen der Hausfrau auf den Betten spazierenging – lief die Frau dann aber in die Küche, hing die Ratte schon wieder an ihrem Bande und kam rechtzeitig in ihr Kistchen.

"Soll ich denn meinen eigenen Augen nicht mehr trauen dürfen?" rief die Hausfrau, und brach vor Ärger, Abgehetztsein und Wut in Tränen aus. So fand der Hausherr sie und fragte ganz erstaunt nach der Ursache ihrer Tränen. Da berichtete ihm die Hausfrau, wie es ihr an diesem Tage ergangen sei, wie sie überall Ratten gehört und gesehen habe, und wie sie vor lauter Rattenplage kein Essen habe kochen und kein Zimmer habe reinmachen können.

Der Hausherr ahnte gleich, daß eine List der Ratte dahinterstecken müsse, aber er tat ganz freundlich, rief die Ratte aus ihrem Kistchen und fragte sie, wie sie den Tag verbracht habe.

"Gut", antwortete die Ratte. "Ich habe den ganzen Tag in meinem Kistchen gelegen und geschlafen."

"Und du bist bestimmt nicht einmal aus deinem Kistchen hinaus und in die anderen Zimmer hineingegangen?" fragte der Hausherr.

"Wie kann ich das?" fragte die Ratte dagegen. "Wo du mir das so streng verboten hast?"

"So!" sagte der Hausherr. "Und wie erklärst du dir das, Ratte, daß die Frau überall, wo sie auch war, Ratten pfeifen gehört hat und Ratten laufen gesehen hat –?"

Das könne sie sich auf keine Weise erklären, sagte die Ratte ganz frech. Es müsse denn sein, daß die Hausfrau ihres schlechten Gewissens wegen immer an Ratten habe denken müssen, weil sie ihr nämlich statt der ausbedungenen Kost eine versalzene Wassersuppe hingestellt habe.

Ob das so sei? fragte der Hausherr nun seine Hausfrau. Ob die Ratte heute nichts bekommen habe als ein Wassersüppchen?

Nun wurde die Hausfrau erst recht zornig; erhitzt fragte sie, ob denn solch Wassersüppchen etwa nicht gut genug sei für eine Nichtstuerin wie die Ratte? Ein Süpplein aus Mehl und Wasser, wie man es sogar den Kranken mit ihren schwachen Magen gebe! Und was das Salz betreffe, so liebe es der eine eben gesalzener als der andere, das nächste Mal werde sie die Ratte fragen, wie sie es am liebsten möge!

Der Hausherr war in einer schlimmen Lage. Fortschicken konnte er die Ratte nicht, denn ein Verbrechen gegen den Vertrag war ihr nicht nachzuweisen. Er sah aber auch, daß es zwischen Hausfrau und Ratte je länger je schlechter gehen müsse. Schon jetzt hatte sein gutes Weib einen rechten Zorn auf das Tier, und er wollte ja auch nicht, daß seine Hausfrau in einem ewigen Ärger und Zorn umherlief! Kurz und gut: der Hausherr wäre die Ratte gerne wieder losgewesen aus dem Hause, und wußte nur nicht, wie er's angehen sollte. Er sann darum auf eine List, die aber sehr fein sein mußte, denn die Ratte war auch listig und durchtrieben.

Als er darum eine Weile nachgedacht hatte, fragte er die Ratte: "Sag, Ratte, hast du nicht scharfe Augen?"

Die Ratte, die ja sehr viel von sich hielt, sagte, sie habe die schärfsten Augen von der Welt.

"Und hast du nicht auch scharfe Zähne, Ratte?" fragte der Hausherr wieder.

"Mit meinen Zähnen kann ich sogar Draht, Blech und Zement beißen", sagte die Ratte stolz.

"So will ich dir morgen zeigen, wie du mir in einer Sache helfen kannst", sprach der Hausherr, "in der mir niemand helfen kann als nur du allein."

Die Ratte versprach sehr geschmeichelt ihre Hilfe, und am nächsten Morgen, als die beiden gefrühstückt hatten – und nicht nur eine salzige Wassersuppe –, gingen sie los. Sie stiegen aber gemeinsam auf den Boden, wo der Hausherr eine geräumige Äpfelkammer hatte, voll der schönsten Winteräpfel, aber ein wenig dämmrig.

"Sieh einmal, Ratte", sprach der Hausherr, "hier habe ich meine Äpfel liegen. Wie es aussieht, eine gewaltige Menge, von der man denkt, sie müsse bis Ostern reichen. Sie reicht aber nie so lange. Das kommt daher, daß, während ich von Hause fort bin, Diebe an meine Äpfel gehen und den besten Teil mausen. Nun habe ich gedacht, du hast scharfe Augen, die selbst hier im Dämmern die Diebe wohl erspähen können, und du hast scharfe Zähne, mit denen du die Diebe am Ohr blutig zeichnen könntest, daß ich sie erkenne, wenn ich wieder nach Hause komme. Willst du nun hier für mich Wache stehen, fleißig nach Dieben spähen und sie zeichnen, einen nach dem andern, wie sie kommen –?"

So sprach er zur Ratte. In seinem Innern aber dachte er, der Ratte werde es schon leid werden, den ganzen Tag Posten zu stehen auf dem kalten finsteren Boden – und ganz umsonst, denn der Hausherr wußte nichts von Äpfeldieben, das hatte er nur so gesagt.

Die Ratte versprach, getreulich Wache zu halten. Aber auch sie war im Innern entschlossen, den Hausherrn zu überlisten, der ja nicht aufpassen konnte, ob sie auch wirklich Wache stand. Als darum der Hausherr gegangen war, suchte sie sich erst einmal einen schönen, rotbackigen, mürben Apfel aus und fraß das Beste von ihm.

Danach ging sie auf dem Boden auf Entdeckungsreisen und fand auch richtig die Räucherkammer und roch den Speck und die Wurst darin. ›Obstkost allein schlägt zu sehr durch‹, sprach sie bei sich, nagte ein Loch in die Tür und tat sich an Wurst, Speck und Schinken gütlich.

Als sie gerade beim besten Schmausen war, hörte sie ein leises Schleichen draußen auf dem Boden, und als sie durch das Nageloch in der Tür spähte, sah sie die Hauskatze, die draußen auf Mäusejagd war. Nun hatte die Ratte einen rechten Haß auf die Katze, denn Ratten und Katzen sind Feinde von Urbeginn an; die Katze aber war schon ziemlich alt und bequem und legte keinen Wert mehr auf einen Kampf gegen die scharfen Zähne der alten Ratte.

Also bekam die Katze einen gewaltigen Schreck, als die Ratte mit dem Rufe: "Weg, du böser Apfeldieb!" auf sie einsprang.

Und als die Ratte sie nun gar mit ihren scharfen Zähnen ins Ohr biß, daß das Blut lief, rannte sie, kläglich "Miau!" schreiend, die Bodentreppe hinunter und stieß in ihrer Angst noch fünf Geraniumtöpfe um, die auf dem Boden im Winterquartier standen.

Die Ratte aber ging sehr zufrieden in die Räucherkammer zurück, fraß noch ein tüchtiges Loch in den Preßkopf, der dort hing, und suchte sich dann eine bequeme Schlafstätte auf einem Dachbalken in der Äpfelkammer. Als sie da nun so recht schön behaglich und gut satt im Einschlummern lag, hörte sie einen leichten Schritt vorsichtig die Treppe heraufkommen. Gleich setzte sie sich auf, spitzte die Ohren und wartete begierig, wer das wohl sein würde.

Es war aber niemand anders als der Sohn des Hausherrn, der gerade jetzt vor dem Mittagessen, aber nach der Schule, einen kräftigen Hunger auf Äpfel verspürte, die ihm doch zwischen den Mahlzeiten verboten waren. Ahnungslos schlich der Junge in die Äpfelkammer – schwupp! saß ihm die Ratte auf der Schulter und schlug ihm ihre langen gelben Zähne in das Ohr, daß es blutete, und er schreiend nach unten lief. Die Ratte aber legte sich wieder hin und schlief gut und nicht weiter gestört bis zum Abend.

Am Abend mußte der Hausherr wiederum Gericht halten – er tat's mit Seufzen. Seit die Ratte im Haus war, gab's nur noch Streit und Unordnung, und doch war sie nicht loszuwerden. Die Katze hatte ein zerschlitztes Ohr und der Junge ein geritztes, aber dafür verlangte die Ratte noch Lob, hatte sie doch die Äpfel gegen die Diebe verteidigt. Fünf Geraniumtöpfe waren zerbrochen, dafür konnte die Ratte aber nichts, das hatte die Katze getan. In der Räucherkammer waren Wurst, Speck und Schwartenmagen angefressen – davon wußte die Ratte aber nichts. In einem Haus, in dem es Apfeldiebe gab, konnte es ja auch Wurstdiebe geben.

Der Hausherr mochte es drehen und wenden wie er wollte, er konnte der Ratte keine Schandtat nachweisen und sie darum auch nicht wegschicken. Und morgen war schon der fünfte Tag der siebentägigen Probezeit, gelang es ihm in diesen sieben Tagen nicht, die Ratte fortzuschicken, mußte er sie für immer und ewig als Freundin im Hause behalten. Und davor grauste dem Hausherrn, und der Hausfrau grauste noch viel mehr davor.

Als nun der fünfte Tag herangekommen, sprach der Hausherr zur Ratte: "Komme mit mir, Ratte! Du sollst noch einmal auf Diebe aufpassen, da du dich gestern so gut bewährt hast!"

Es ging dieses Mal aber nicht hinauf zur Äpfelkammer und zum Speck, worauf die Ratte sich schon gefreut hatte, sondern hinunter in den dunklen, feuchten Keller. Dort stand eine Siruptonne, und der Hausherr sprach zur Ratte: "Setze dich hier neben die Tonne und passe fein auf, ob Diebe kommen. Gehe mir aber nicht an den Sirup, Ratte! Du bekommst von uns deine Kost und darfst nicht naschen!"

Damit schloß der Hausherr die Kellertür ab, damit die Ratte nur nicht hinaus könnte und Unfug stiften, stieg die Kellertreppe empor und pfiff vergnügt ein Liedchen. Er dachte aber bei sich: ›Die Ratte hält es bestimmt den Tag über nicht aus, ohne an den süßen Sirup zu gehen. Der Sirup aber klebt, im Keller ist kein Wasser, ihn abzuwaschen, so erwische ich sie heute abend als Diebin, kann sie aus dem Haus jagen und bin sie für immer los!‹

Die Ratte indessen saß ganz trübselig im Keller und dachte: ›Das ist wirklich ein trübseliges Geschäft. Die Wände sind aus Stein, und die Tür hat er abgeschlossen – wie können da Diebe hereinkommen? Er will mich nur verführen, daß ich an den süßen Sirup gehe – aber das tue ich nicht, und müßte ich zwei Jahre hier unten sitzen!‹ Damit legte sie sich in eine Ecke und schlief ein.

Als sie aber ausgeschlafen hatte, fühlte sie großen Hunger. Sie lauschte und hörte, wie es immerzu "Dripp-dripp-dripp" machte. Das war der Sirup, der langsam aus dem Hahn in das Blechschälchen tropfte, denn der Hahn schloß nicht ganz fest. ›Riechen könnte ich ja mal an dem Sirup‹, dachte die Ratte. ›Davon werde ich nicht klebrig.‹

Also ging sie hin und roch. Sie fand, der Sirup roch süß, und ihr Hunger wurde noch größer davon. Sie sah aber auch, daß die Schale fast vollgetropft und nahe am Überlaufen war. ›Wenn der Hahn nur ein bißchen stärker tropfte‹, überlegte die Ratte, ›würde die Schüssel überlaufen. Der Sirup ränne auf den Boden, und ich könnte nichts dafür, wenn ich klebrig würde.‹

Lief die Ratte also am Faß hoch, auf den Hahnstutzen und drückte gegen den Hahn. Bumms! war der Hahn ganz zu, und der Sirup tropfte nicht mehr. ›Nein, so was‹, dachte die Ratte verblüfft. ›Das habe ich mir ja nun ganz anders gedacht.‹

Und sie drückte nochmals gegen den Hahn und kräftig! Bumms! flog der Hahn ganz raus, der Sirup strömte aus dem Faß, lief über die Schüssel und durch den Keller. ›Nein, so was!‹ dachte die Ratte. ›Das habe ich mir ja nun ganz anders gedacht!‹

Indem fühlte sie ein Kribbeln an ihrem langen Schwanz, der vom Stutzen auf die Erde hing, und als sie zusah, merkte sie, daß dies Kribbeln vom Sirup kam, der über den Kellerboden lief. ›Das ist gar nicht so schlecht‹, dachte die Ratte, zog den Schwanz hoch und leckte ihn ab, paßte dabei aber fein auf, daß sie sich nicht klebrig machte. "Ei, schmeckt das süß!" rief sie erfreut. "So kann das immer weitergehen!" Und sie tunkte den Schwanz immer wieder in den fließenden Sirup, paßte aber gut auf, daß kein Härchen ihres Felles klebrig wurde.

Als der Hausherr nun am Abend wohlgemut die Kellertür aufschloß und dachte: ›Heute habe ich die Ratte reingelegt‹, rutschte er beim ersten Schritt im Keller in dem klebrigen Sirup so aus, daß er sich mit Gewalt in den spritzenden Sirup niedersetzte.

"Was ist das –?" schrie er mit drohender Stimme.

"Das ist Sirup, Hausherr!" antwortete die Ratte ganz kaltblütig.

"Wie kommt der Sirup aus meinem Faß auf den Kellerboden?" brüllte der Hausherr mit fürchterlicher Stimme. "Ratte! jetzt muß ich dich gewißlich ermorden!"

"Du kannst mich ja nicht ermorden, Hausherr!" sprach die Ratte darauf mit feiner und freundlicher Stimme. "Sieh doch mein Fellchen an. Kein Tröpfchen Sirup klebt an einem Härchen. Allezeit bin ich deine gehorsame Freundin gewesen. Bin ich doch sogar, um dir nicht zu schaden, hier auf das Faß geflüchtet – du aber setzt dich mit aller Gewalt in den Sirup und verdirbst viel von dem teuren Saft!"

Der Hausherr kam fast vor Wut um, und doch konnte er nichts gegen das vorbringen, was die Ratte sagte. Kein Härchen war vom Sirup verklebt, und ihre Füße waren völlig rein. "Wie aber kommt der Zapfen aus dem Faß, Ratte?" fragte er mit schon schwächerer Stimme.

"Wie kann ich das wissen, Hausherr?" sagte die Ratte mit unschuldiger Stimme. "Ich bin ja eine Ratte, kein Zapfen. Erst hat er immerzu getropft, aber dann ist ihm das Tropfen wohl zu langweilig geworden, und er ist herausgesprungen. Vielleicht fragst du einmal den Zapfen, Hausherr?"

Der Hausherr sah die Ratte böse an, schwieg jetzt aber. Er merkte wohl, daß sie ihn bloß verhöhnte, aber er konnte ihr nichts beweisen, und so trug er sie schweigend aus dem Keller in ihr Kistchen am Küchenherd. Dorf forderte sie sich gleich frech Futter, und sie fraß so viel, daß der Hausherr wieder ganz zweifelhaft wurde und dachte: ›Vielleicht hat sie doch die Wahrheit gesprochen und nicht von dem Sirup genascht. So viel könnte sie doch sonst nicht fressen.‹

Das wurde ein trauriger Abend in der Familie! Ein Faß Sirup ausgelaufen und verdorben, der Anzug des Hausherrn verschmutzt und verklebt und dazu die Aussicht, die Ratte ständig im Hause als Freundin zu haben! Lange noch lag der Hausherr wach und überlegte und beriet mit der Hausfrau, wie sie die Ratte loswerden könnten. Aber gar nichts wollte ihnen einfallen. Und morgen war schon der sechste Tag, und dann kam der siebente, und ging auch der gut für die Ratte aus, so blieb sie für ewige Zeiten als Freundin im Haus.

"Ich halte das nicht aus! Ich will das olle, eklige Tier nicht immer im Hause haben!" weinte die Hausfrau.

"Paß auf, Frau!" tröstete der Hausherr. "Morgen fangen wir gar nichts mit der Ratte an. Wir kümmern uns einfach nicht um sie. Dann hält sie es vor Langerweile nicht aus, macht irgendeinen Unfug, und wir können sie zurückschicken in den Stall."

Damit schliefen die beiden ein. Die Ratte in der Küche aber schlief nicht, sondern sie rannte wie eine Wilde um den Küchentisch herum – immer herum! Immer herum! Ihre Ohren flogen, ihre Brust keuchte, ihr Herz klopfte wild, und den Schwanz hielt sie weit vom Leibe abgestreckt –: ›Ich will doch sehen‹, dachte sie beim Laufen, ›ob ich nicht so schnell rennen kann, daß ich mit meiner Nase meine Schwanzspitze einhole!‹

So trieb sie es die ganze Nacht, rannte immer toller, bis sie am Morgen halbtot vor Müdigkeit in ihr Schlafkistchen kroch. Ihre Schwanzspitze hatte sie zwar nicht eingeholt – und so dumm war sie auch nicht, daß sie geglaubt hätte, das ginge –, aber herrlich müde war sie geworden, und so verschlief sie den ganzen sechsten Tag, ohne auch nur einmal aufzustehen. Das hatte sie ja auch gerade gewollt, und darum hatte sie sich so müde gelaufen, denn auch sie hatte daran gedacht, daß ihre Probezeit zu Ende ging. Sie wollte nicht wieder als Feindin in den Stall geschickt werden, sondern lieber als Freundin, wenn auch als falsche, im Haus bleiben und gab sich darum alle Mühe, erst einmal keinen Unfug zu stiften. Lieber verschlief sie den ganzen sechsten Tag.

Nun kam also der siebente und letzte Probetag heran, und gerade an diesem Tage hatte keiner Zeit, sich um die Ratte zu kümmern. Denn an diesem Tage war großes Schweineschlachten auf dem Hofe, und da hatten alle so viel mit Laufen und Brühen, mit Abstechen und Blutrühren, mit Schrapen und Putzen zu tun, daß kein Mensch an die Ratte auch nur dachte. Sie hätte überall naschen können, sie hätte in den Betten schlafen und in die Teppiche Löcher fressen können – kein Mensch hätte sich nach ihr umgesehen.

Aber die Ratte tat nichts von alledem, sondern sie war neugierig und lief überall mit. Und als die drei fetten Schweine aus dem Stall geführt und abgestochen wurden, war sie genau so aufgeregt wie die Menschen. Überall mußte sie dabeisein, und alles mußte sie sehen und riechen und schmecken, und dies war nun wirklich ein Tag für sie, an dem sie überhaupt nicht an Schadenstiften und Bosheit dachte.

Als aber die Schweine zugehauen wurden, machte sich eins von den Mädchen den alten Spaß, stahl sich den Schweineschwanz und steckte ihn dem Hausherrn mit einer Nadel unbemerkt hinten an die Jacke. Bald merkten's die Kinder, und als sie den Vater da so über den Hof laufen sahen, und hinten baumelte ihm vergnügt das nackte, kahle Schweineschwänzchen – da fingen sie an zu lachen, und alle fingen sie an zu singen: "Vater hat 'nen Schweineschwanz – pfui, Schweineschwanz! Schweineschwanz!"

Das kleinste Kind aber, das noch ganz dumm war, fing an zu weinen und rief:

"Vater soll den ollen, häßlichen Schwanz abmachen! Vater sieht aus wie die Ratte! Oller, häßlicher, nackter Rattenschwanz!"

Und die Kinder sangen nun lachend: "Vater hat 'nen Rattenschwanz – pfui, Rattenschwanz! Ollen, häßlichen Rattenschwanz!"

Das hörte die Ratte, und weil die Ratten ja sehr eitel sind und ihren Schwanz sehr schön finden (und je länger er ist und je nackter er ist, um so schöner finden sie ihn), so lief sie zornig herbei und schrie wütend: "Wollt ihr wohl gleich still sein, ihr alten, bösen Kinder! Wir Ratten haben die allerschönsten Schwänze von der Welt!"

Unbekümmert aber sangen die Kinder weiter: "Rattenschwanz – pfui, Rattenschwanz! Pfui, oller, nackter Rattenschwanz!"

Da wußte sich die Ratte nicht mehr vor Zorn zu lassen, sondern sie fuhr los auf die Kinder und fauchte und biß nach ihnen.

Die kleineren von den Kindern fingen an zu weinen, die größeren aber sangen nun erst recht: "Rattenschwanz! Pfui, Rattenschwanz!"

Von dem Lärm angelockt kam der Hausherr herbei, und er fragte ärgerlich: "Ratte, was tust du da? Warum beißt du meine Kinder?"

Fauchte die Ratte wütend: "Sie sollen nicht singen: nackter Rattenschwanz!"

"Aber dein Schwanz ist doch nackt, Ratte", sprach der Hausherr. "Sie können doch nicht singen: haariger Rattenschwanz!"

"Aber du hast keinen Rattenschwanz am Rock!" schrie die Ratte voll Zorn. "Das ist ein Schweineschwanz."

Der Hausherr faßte lachend nach hinten, fischte sich den Schweineschwanz, machte ihn ab, sah ihn an und sprach: "Freilich ist das ein Schweineschwanz. Aber sie sind alle beide nackt und häßlich: der Schweineschwanz wie der Rattenschwanz."

"Was?!" kreischte die Ratte, "mein Schwanz ist häßlich –!?! Aber du hast doch am ersten Abend gesagt, Hausherr, die Hausfrau hätte das nicht so gemeint?!"

"Die Wahrheit zu sagen, Ratte", sagte der Hausherr, der merkte, wie er die Ratte noch am siebenten Probetage loswerden konnte, "habe ich das nur aus Höflichkeit gesagt. Je länger ich deinen Schwanz anschaue, um so abscheulicher finde ich ihn. Ja, ich muß geradeheraus sagen: dein Schwanz sieht aus wie ein nackter, nasser, blinder Regenwurm!"

"Regenwurm!" lachten die Kinder. "Rattenschwanz – Regenwurm! Nackter, blinder Regenwurm!"

Da konnte sich die Ratte vor Wut nicht mehr halten. "Wenn ihr meinen herrlichen Schwanz nicht schön findet", rief sie, "so will ich auch eure Freundin nicht sein! Nein, eure ewige Feindin will ich sein! Mit Nagen, Naschen, Verderben, Beschmutzen will ich den Menschen immerzu Schaden tun, soviel ich nur kann!"

Mit diesen Worten fuhr sie an dem Hausherrn hoch, biß ihn kräftig in die Nase, daß er schrie. Dann aber sprang sie mit einem Satz in den offenen Schweinestall und verkroch sich gleich in ihren alten Gängen, denn der Hausherr und die Kinder stürmten ihr nach, um sie zu erschlagen. Gleich wurden wieder Fallen und Gift aufgestellt, die Kinder aber sangen dabei: "Rattenschwanz – pfui, Rattenschwanz! Oller, nackter Rattenschwanz! Regenwurm – Igitt!"

So ist es denn nichts geworden mit der Freundschaft zwischen dem Menschen und der Ratte. Für immer findet der Mensch die Ratte abscheulich und stellt ihr nach, wo er sie nur sieht; die Ratte aber haßt den Menschen und tut ihm noch mehr Schaden durch Verderben und boshaftes Verschmutzen als durch ihr Fressen.

Geschichte von der Murkelei

Es war einmal ein Vater, der wünschte sich viele Kinder, am liebsten ein Dutzend, sechs Jungen und sechs Mädchen. Es geschah ihm aber nicht nach Wunsch, sondern er hatte nur zwei: einen Jungen, den nannte er den Murkel, und ein Mädchen, das hieß er die kleine Mücke.

Weil ihm das aber nicht genug war, dachte er sich noch mehr Kinder aus, zu seinen zweien noch zwei, so daß er doch wenigstens ein Drittel Dutzend voll hatte. Von den ausgedachten Kindern nun nannte er das älteste Träumlein. Das war ebenso alt wie der Murkel und seine besondere Gefährtin; und wenn der Murkel ein Junge war, so war Träumlein ein Mädchen; war Murkel blond, so war Träumlein dunkel; war Murkel wild und laut, so war Träumlein sanft und leise.

In Wirklichkeit aber gab es Träumlein gar nicht, der Vater hatte sie sich nur ausgedacht. Keiner konnte Träumlein je erblicken, die Mutter nicht und der Murkel auch nicht. Nur der Vater sagte, er sähe sie immer, wann er nur wolle, und er wußte viel von ihr zu erzählen.

Und genau wie mit dem Träumlein war's mit dem Windwalt, den hatte sich der Vater als Spielgesellen für die kleine Mücke erdacht. Das war ein kleiner junge, rasch wie der Wind und immer vergnügt. Am liebsten lief er barfuß, und stets vergaß er sein Taschentuch. Oft sagte der Vater kopfschüttelnd zu der kleinen Mücke, wenn ihr die Nase fortlief: "Genau wie dein Bruder Windwalt! Wo hast du denn dein Tüchlein? Und natürlich kann dir Windwalt wieder mal nicht aushelfen, denn er hat auch keins!"

Wenn nun der Vater mit den Kindern ausging, und er machte das Hoftor auf, so liefen erst die Hunde durch: Plisch und Peter. Dann kamen die Kinder: Murkel und Mücke. Dann wartete der Vater ein Weilchen, um auch Träumlein und Windwalt durchzulassen, und nun erst kam er nach und machte das Hoftor hinter sich zu. Murkel und Mücke faßten den Vater an, eines rechts, eines links, und neben den beiden gingen wieder Träumlein und Windwalt. Wurde der Feldweg einmal sehr schmal, so mußten alle ganz eng nebeneinanderrücken, um Windwalt und Träumlein nicht ins Korn zu drängen. Voran aber tobte der Plischi, der noch jung war, und hintennach zottelte der Peter und ließ sich immer rufen, denn er war schon alt, viel älter als der Vater.

Wenn sie dann eine Weile so nebeneinander hergegangen waren und einander alles erzählt hatten, was der Tag mit sich gebracht hatte, Gutes wie Schlechtes, so rief der Vater wohl: "Kinder, nun lauft alle, und wer den Plischi zuerst greift, soll ihm ein Stück Zucker geben dürfen."

Da stoben die Kinder los, und wer sonst sie laufen sah, sah nur zwei: den Murkel und die kleine Mücke. Der Vater aber sah vier, und er hastete hinterdrein, den keuchenden alten Peter auf den Fersen, und er feuerte die Kinder an und rief: "Mücke, faß doch den Windwalt an!" Oder: "Murkel, willst du mal das Träumlein nicht schubsen!"

Dann streckte die kleine Mücke die Hand aus, und wenn sie auch nichts faßte, so war ihr doch, als liefe sie nicht mehr ganz allein, weit hinter dem Murkel. Und auch der besann sich, sah sich um, wich zur Seite, während der Plischi, der wohl gemerkt hatte, daß die wilde Jagd ihm galt, immer fröhlicher voransprang und immer lauter bellte.

Am Ende aber blieb er doch stehen und ließ die Kinder zu sich, denn es war ihm wohl eingefallen, daß solch fröhliche Jagd stets mit einem Stück Zucker endete. Gab es dann Streit, wer ihn zuerst angefaßt hatte, der Murkel oder die Mücke, so war's keins von beiden gewesen, sondern etwa der Windwalt. Dann paßten die Kinder gut auf, wie der Vater dem Windwalt den Zucker gab. Der Windwalt aber war immer so heftig, daß der Zucker fast sofort aus der Hand des Vaters weiterflog in des Plischi Maul, oder aber zur Erde fiel, von der ihn dann die kleine Mücke aufheben durfte. Träumlein aber hatte immer lange Zeit, ließ den Zucker ruhig in Vaters Hand, und der Plischi mußte erst auf den Hinterbeinen stehen, gehen, tanzen – und machte er's sehr gut, flog plötzlich der Zucker durch die Luft in sein Maul – du sahest nicht woher.

Zuerst trauten die beiden Kinder ihrem Vater noch nicht recht und meinten, Träumlein und Windwalt seien so etwas wie die Frau Holle und das Aschenputtel aus dem Märchen. Aber wie der Vater immer dabeiblieb und ernst sagte, sie seien wirklich da, die beiden, und es gebe alles, was der Mensch nur ernstlich glaube, da gewöhnten sie sich völlig an ihre unsichtbaren Geschwister.

Besonders schön war das, wenn es dunkel geworden war, und die Kinder lagen in ihren Betten, die Eltern aber saßen noch in einem andern Teil des Hauses. Die Betten der beiden Kinder standen weit auseinander, und sie durften nicht miteinander sprechen, sie taten es auch nicht. Aber flüstern konnten sie, daß es das andere nicht hörte, und das taten sie dann auch: Murkel mit Träumlein, Mücke mit Windwalt. Um sie war die dunkle Nacht, vielleicht ging vor den Fenstern grade der Wind. Sie hörten die alte Linde an dem Hausgiebel rauschen, aber sie waren nicht allein: eines sprach, und eines hörte, sie durften alles erzählen, das Verbotene wie das Erlaubte – Windwalt und Träumlein schwatzten nicht.

Kam der Morgen, und ging der Murkel, der schon groß war, mit Schiefertafel, Lese- und Rechenfibel in die Schule, so blieb die kleine Mücke doch nicht allein. Sie saß vielleicht in ihrer Sandkiste und baute aus Kirschkernen, die immer zahllos von genaschten Kirschen um den alten Kirschbaum lagen, und aus Gänseblümchen einen Garten. Und wenn etwas nicht gelang, so war der Windwalt daran schuld, gelang es aber sehr gut, so mußte es der Windwalt bewundern.

Unterdes saß der Murkel in der Schule, und wenn auf allen Schulbänken vier Kinder sahen, auf der seinen saßen fünf, ohne daß es der Lehrer merkte: das war das Träumlein, das an seiner Seite saß. Und es war ein Wunder, was das Träumlein alles wußte und wie es half, wenn man zu rasch gelesen hatte.

"Wie heißt das Wort?" fragte der Lehrer streng, denn der eilige Murkel hatte "weiche" gelesen, weil er wußte, daß das lange Wort danach "Heuhaufen" hieß, und es war doch richtig, daß die Heuhaufen weich sind.

Sah er das Wort aber nun näher an, so merkte er wohl, es konnte nicht "weiche" sein, es lag kein "ei" in seiner Mitte, wie ein Ei im Hühnernest. Wenn der Murkel nun das Wort vor den Heuhaufen immer länger anschaute – und es war wieder mal so ein häßliches Wort, wie er sie gar nicht mochte, oben lang und unten lang – und er kam nicht darauf, und der Lehrer sagte schon ganz ungeduldig: "Na, wird's nun bald –?! Das ist ein ganz leichtes Wort!" – da war's dem Murkel, als spräche etwas ganz leise neben ihm das Wort.

Der Lehrer rief ungeduldig: "Willst du mal nicht vorsagen, Ursel!"

Aber darum brauchte sich der Lehrer nicht zu sorgen: was die Ursula Hartig sagte, dahin hörte der Murkel gar nicht. Auf das Träumlein hörte er. Und das Träumlein flüsterte lautlos, mit dem Mund an seinem Ohr, ja, es war beinahe, als flüstere sie es inwendig: "H und o macht ho – eine Silbe! H und e macht he, andere Silbe! Eine Silbe ho, andere Silbe he ..."

"Hohe Heuhaufen!" rief der Murkel laut.

"Das wurde aber auch Zeit", sagte der Lehrer. "Setz dich!"

Und der Murkel setzte sich, ganz rot, nicht etwa, weil er sich schämte, sondern weil er so glücklich war. Er war aber so glücklich, weil ihm Träumlein geholten hatte, und er fühlte genau, das Träumlein gab es wirklich. Der Vater hatte recht, es war in ihm und um ihn, auch ein Kind war nie allein.

Es kam eine Zeit in dem Leben der Kinder, da wurde der alte Hund Peter sehr krank. Die Haare fielen aus, und er bekam Geschwüre über den ganzen Leib. Wenn die Kinder an seine Hütte liefen und fragten: "Wie ist es, Peter, der Vater geht mit uns aus – kommst du nicht mit?" – da hob der alte Hund mühsam den Kopf und sah die Kinder traurig mit seinen trüben Augen an und wedelte ein kleines bißchen mit seinem Schwanz.

Da fragte der Vater: "Wer von euch will hierbleiben und dem Peter ein wenig Gesellschaft leisten?"

Aber keins wollte es, nicht der Murkel, nicht die kleine Mücke.

"So müssen wir heute ganz ohne unsere Geschwister Windwalt und Träumlein gehen", sagte der Vater. "Denn die bleiben nun hier. Das wird kein schöner Spaziergang."

Und das wurde es auch wirklich nicht. Soviel die Kinder dem Vater auch zu erzählen hatten, mit der Zeit verstummten sie. Sie sahen über ihre Schultern, sie sahen rechts, sie sahen links – es war nur die Luft da, mit dem Sommerwind darin. Die war auch sonst da, doch sonst wußten sie, das Träumlein und der Windwalt waren in der Luft. Aber diesmal waren sie es nicht, diesmal waren die beiden daheim beim kranken Hunde Peter. – Und auch der Plischi schlich nur traurig mit und sprang nicht lustig wie sonst voraus, auch ihm fehlte sein Gefährte, der Peter.

Da drängten die Kinder, nach Haus zu kommen, so fehlten ihnen Windwalt und Träumlein. Als sie aber auf den Hof traten, war da ein Herr im weißen Mantel, das war der Tierdoktor, der sagte: "Ja, nun ist der alte Hund gestorben."

Murkel und Mücke fingen an zu weinen, und nun tat es ihnen erst recht weh, daß sie nicht bei ihrem alten Freunde geblieben waren und daß sie ihm nicht Adieu gesagt hatten.

Sie begruben den Peter unter vielen Tränen auf der Wiese am Wasser, und am Abend fragten sie ein jedes seinen Gefährten, wie es mit Peter gewesen war, und sie hörten alles, Murkel von Träumlein, Mücke von Windwalt. Nun waren sie schon nicht mehr so traurig, denn es war ihnen, als seien sie doch ein ganz bißchen dabei gewesen.

So lebten die vier gemeinsam, und sie erlebten so viele Dinge miteinander, daß es gar nicht zu erzählen ist. Da war das eine Mal, daß die Kinder heimlich ins Boot gestiegen waren, und die kleine Mücke fiel ins tiefe Wasser und konnte doch nicht schwimmen.

Der Murkel schrie, aber der Windwalt rannte wie der Wind, und der Vater kam aus dem Haus geschossen, schneller als eine Schwalbe, und holte die Mücke aus dem Wasser.

Ein anderes Mal waren die Kinder in die Priesterfichten gegangen, um die Nester von den alten Krähen hinunterzuschmeißen, die den ganzen Herbst und Winter zu Hunderten um das Haus krächzten, daß es ein Grausen war. Da verstieg sich der Murkel in einer Fichte und konnte nicht vor und zurück, und vor Hilflosigkeit und Angst fing er an zu brüllen. Die kleine Mücke aber lief aus Schreck fort. Da sah der Murkel nun oben, und die Krähen krächzten und schwirrten immer näher. Er meinte, vor Furcht zu vergehen, und hoffte, es käme jemand, der ihm hülfe. Es kam aber keiner.

Schließlich besann er sich auf das Träumlein, und sofort hörte er auch ihre leise Stimme, die immer war, als spräche sie in ihm. Sie wies ihm einen Aststumpf, auf den er den Fuß setzen konnte, einen Zweig, an dem Halt war. Sie sagte: "Mach nun die Augen zu, Murkel, und rutsch!" Und er machte die Augen zu und rutschte. Da war er heil und gesund unten.

Träumlein und Windwalt waren immer da, sie machten, daß ein Kind nie allein war. Sie redeten und sie waren stumm, sie liefen um die Wette und saßen still, sie halfen und sie hatten immer Zeit, ganz anders als die andern Kinder im Dorf.

Nun wurden die Kinder größer und größer – da wurde wieder alles ganz anders. Denn da geschah es, daß die Mutter anfing zu schelten, und sie sagte: "Vater, was ist das für eine schreckliche Murkelei mit unsern Kindern –?! Das halte ich nicht mehr aus, und das mache ich nicht mehr mit! Die Mücke hat ihr Taschentuch verloren. Nein, sagt sie, der Windwalt hat's verspielt. Der Murkel läßt die Tür offenstehen; er soll sie zumachen. Nein, sagt er, er ist nicht zuletzt durchgegangen, das Träumlein war's. So geht es nun alle Tage: ist ein Klecks im Schulheft, war's der Windwalt; das Loch hat Träumlein in die Hose gerissen; die Katze Windwalt gezwickt; den Blumentopf Träumlein hinuntergestoßen – nein, was ist das für eine schreckliche Murkelei! Da finde ich nicht mehr heraus!"

Der Vater fragte die Kinder ernst, ob das wohl so wäre, ob alles Schlechte und Verkehrte die unsichtbaren Geschwister, alles Gute und Richtige aber Murkel und Mücke täten. Die Kinder senkten die Köpfe und antworteten nicht. Da sagte der Vater, er wolle es noch eine Woche mitansehen, sei es dann nicht anders geworden, so müsse er Träumlein und Windwalt in die Welt schicken.

In dieser einen Woche wurde ein Spiegel zerbrochen: hatte der Windwalt getan. Vaters Zeitung lag zerrissen beim Plischi in der Hundehütte, statt auf seinem Schreibtisch: hatte keiner verschleppt, vielleicht aber das Träumlein ...

So ging es immer weiter, bis der Vater die Kinder an der Hand nahm und mit ihnen hinausging in das Land, auf einen Berg, wo man die Seen, die Wälder, die Dörfer und die weiten, langen Landstraßen sieht. Es war ein grauer, windiger Herbsttag, die Kinder gingen still an des Vaters Hand, traurig zottelte der Plischhund hinterdrein.

Als sie auf die Höhe des Berges gekommen waren und das Land unter sich sahen mit den vielen Straßen, nahm der Vater seine eigenen Kinder bei der Hand, und er sprach: "Nun gehet hinaus in die Welt, Träumlein und Windwalt! Meine Kinder wollen jetzt große Menschen sein, da können sie euch nicht mehr gebrauchen." Und er winkte ihnen zu und rief: "Ihr seid treue und hilfreiche Geschwister gewesen, dafür sollt ihr vielmals bedankt sein. Vielleicht kommt noch einmal wieder eine Zeit, da wir euch brauchen können. Dann kommt ihr wieder zu uns!"

Die Kinder fingen an, jämmerlich zu weinen. Denn wenn sie in der letzten Zeit schon nicht mehr so recht an ihre Geschwister geglaubt hatten, sondern immer gedacht hatten, sie sind nur ein Märchen vom Vater – nun, da sie grausam in die herbstliche, windige Welt gestoßen sein sollten, gedachten sie, wie die lieben Unsichtbaren Abend für Abend bei ihnen in den Betten gelegen hatten, und sie taten ihnen von Herzen leid. Doch vor allen Tränen hatten sie nicht gesehen, welche Straße Windwalt und Träumlein gegangen waren.

Darüber bekamen sie schon auf dem Heimweg das Zanken, der Vater aber ging still nebenher, denn er hatte seine Kinder Windwalt und Träumlein von Herzen lieb gehabt.

Die Zeit ging und ging, und die Kinder wurden große Leute, die keiner mehr Mücke und Murkel nannte, sondern Herr und Fräulein, und sie hatten so viel zu tun und zu denken, daß sie ihre alten Geschwister fast ganz vergaßen und gar nie mehr an sie dachten. Nur der Vater, der nun sehr alt geworden war, dachte noch an sie, und er sprach oft mit der Mutter darüber, welch lustige Murkelei doch das Haus gewesen war, als darin noch die kleine Mücke, der Windwalt, das Träumlein und der Murkel lebten.

Nach abermals einer Zeit aber bekamen die Mücke wie der Murkel selber Kinder, und als diese Kinder größer geworden waren, verlangten sie, daß ihnen Mücke und Murkel erzählten, wie es gewesen war, als sie selbst Kinder waren. Da besannen sich Mücke und Murkel auf das Träumlein und den Windwalt, und sie erzählten ihren Kindern vieles von den beiden. Und den

Kindern war es ganz so, als hätten Träumlein und Windwalt wirklich gelebt, und es waren doch nur ausgedachte Kinder!

So aber ist es auf dieser Welt: Wenn man etwas nur wirklich glaubt, so ist es auch da. Es gibt nicht bloß, was man mit Augen sieht und mit Ohren hört. Von Windwalt und dem Träumlein und von der ganzen Murkelei hast du eben noch nichts gewußt. Aber nun weißt du von ihnen, und nun sind sie auch da, siehst du wohl!